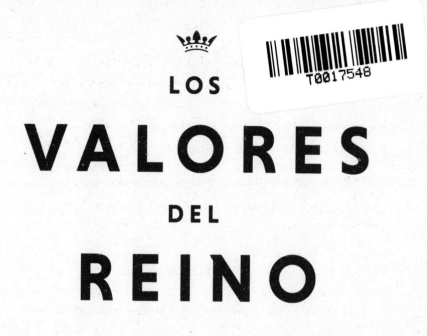

LOS
VALORES
DEL
REINO

CARÁCTER PARA
ENFRENTAR EL CAOS

TONY EVANS

WHITAKER
HOUSE
Español

Traducido por:
Belmonte Traductores
Manuel de Falla, 2
28300 Aranjuez
Madrid, ESPAÑA
www.belmontetraductores.com

Editado por: Ofelia Pérez

Los valores del reino
Carácter para enfrentar el caos

ISBN: 978-1-64123-924-0
E-book ISBN: 978-1-64123-925-7
Impreso en los Estados Unidos de América.
© 2022 por Tony Evans

Whitaker House
1030 Hunt Valley Circle
New Kensington, PA 15068
www.whitakerhouseespanol.com

1 2 3 4 5 6 7 8 9 10 11 ЦЈ 29 28 27 26 25 24 23 22

ÍNDICE

PRIMERA PARTE

EL FUNDAMENTO DEL CARÁCTER BÍBLICO

1

¿QUÉ ES LA VERDAD?

"NO PUEDO RESPIRAR".

Es una frase que todos hemos oído en los últimos años. Aparece impresa en camisetas, pancartas, gorras y en otros lugares diversos. Estoy seguro de que usted conoce su origen, que se relaciona con la muerte injusta de George Floyd bajo la rodilla de un oficial de policía. Pero, desde ese momento, la afirmación ha cobrado vida propia. Simboliza una necesidad de justicia. Habla de igualdad. Resuena con la esperanza de reformar sistemas quebrados en un mundo quebrado. También nos recuerda la llave estranguladora que puede tener la injusticia sobre cualquiera que se sitúe bajo su tenaza.

Esta afirmación nos ha impactado no solo nacionalmente, sino también ha tenido un alcance global. Se ha vuelto personal para muchos de nosotros cuando la hemos oído en labios de seres queridos o amigos en un contexto totalmente diferente: desde el inicio de la pandemia de la COVID-19, millones de personas han perdido sus vidas a causa de la incapacidad de respirar. Muchas personas han experimentado la indefensión de no ser capaces de ayudar a respirar a su ser querido. Respirar con dificultad y ser conectado a una máquina de oxígeno o a un ventilador se han convertido en situaciones demasiado familiares, ya sea por experiencia de primera mano o porque otro relata los horrores de este virus que causa estragos en los pulmones.

Sin embargo, a pesar de las dificultades y de la muerte que nos rodean, vivimos en una época en la que nos hemos reunido para observar colectivamente otro fallecimiento potencial. Amontonados en una habitación pequeña, apenas lo bastante grande para que todos estemos sentados o de pie, miramos fijamente mientras la verdad parece dar sus últimas bocanadas de aire. Observamos cómo, con cada inhalación difícil y exhalación complicada, la fuerza de la verdad disminuye delante de nuestros propios ojos.

La verdad, que solía ser un pilar sólido en las vidas de muchas personas, yace tumbada en una cama de hospital improvisada, siendo un mero esqueleto de su forma anterior. Mandíbulas hundidas y huesos que sobresalen nos recuerdan donde antes solía estar una vida vibrante. Observamos, esperando. Y nos preguntamos si la verdad podrá salir adelante de algún modo.

Después de todo, nuestra cultura ya ha proclamado que la verdad está muerta. Nuestra cultura ya ha desconectado el soporte vital y ha salido de la habitación. Nuestra cultura ya se ha lavado las manos y ha dicho adiós a lo que solía guardar nuestra tierra. Nuestra cultura ha pretendido eficazmente eliminar la salvaguarda restante que nos impide caer en un abismo de caos y confusión.

La muerte de la verdad no solo dio entrada a una calamidad mayor, sino que el proceso de muerte de la verdad a lo largo de las últimas décadas ha conducido ya a un quiebre en el sistema inmune cultural de todo nuestro mundo. El hambre que ha tenido lugar en los órganos y la corriente sanguínea de la humanidad es inmensa. Sin que la verdad fluya libremente por las arterias de la civilización, como el oxígeno fluye por las arterias de un cuerpo, los órganos que sostienen el orden se están cerrando. Están colapsando y ya no pueden proporcionar lo que nuestra sociedad necesita para funcionar de un modo productivo y sano.

No queda mucho de honor, honestidad, o carácter en nuestra cultura cuando observamos que los planes continuados son que la verdad no solo sea enterrada, sino que también se oficie su funeral delante de nosotros. En algún lugar del camino hemos olvidado que la verdad importa. Hemos olvidado que dependemos de la verdad mucho más de lo que pensamos. Hemos olvidado que normas objetivas gobiernan gran parte de lo que escogemos hacer; no gobiernan solamente nuestros valores. Sin verdad, el mundo entero colapsaría. Incluso quienes se oponen a la verdad dependen de ella para actuar cada día.

Por ejemplo, ¿cómo se sentiría usted si volara en un avión con un piloto inseguro? Si oyera a su piloto acercarse al micrófono antes del vuelo y decir: "Estamos a punto de despegar, y estoy bastante seguro de qué botones pulsar para operar adecuadamente el avión, pero algunas veces me gusta mezclarlos", ¿qué haría? Si es usted como yo, se bajaría de ese avión.

O ¿qué pensaría de un cirujano que ha descartado la verdad en su campo profesional? Digamos que usted está en una consulta con un cirujano, y él o ella le dice: "El otro día estuve viendo una cirugía como esta en el internet, y ese cirujano hacía cosas nuevas bastante interesantes que me gustaría probar para ahorrar tiempo. Creo que sé dónde tengo que cortar". ¿Se quedaría allí más tiempo para el resto de la consulta o, como haría yo, se levantaría y se marcharía?

¿Y un farmacéutico que admita que adivina la dosis de la medicación cuando la introduce en el bote? ¿Tomaría usted esa medicina? O si ese farmacéutico dijera: "Tengo muchas medicinas entre las que escoger en estos estantes. No importa lo que recetó el médico, ¡voy a escoger una que siento que es adecuada para usted!".

LA FALACIA DE LOS SENTIMIENTOS

No hace mucho tiempo vi un partido de los Cowboys contra los Eagles la noche de lunes de fútbol. Una de las jugadas para anotar que intentó Dak Prescott implicaba chocar con un mariscal de campo escurridizo en la zona de anotación. No era evidente, al verlo en tiempo real, si anotó o no; por lo tanto, los árbitros hicieron lo que están entrenados para hacer. Fueron a las bandas para revisar la grabación.

Después de haber visto la jugada desde varios ángulos de cámara, rápidamente fue evidente para todos los que mirábamos que realmente no había ningún ángulo definitivo que mostrara si entró en la zona de anotación. Por lo general, eso significa que los árbitros se quedarán con lo que indicaron primero; en este caso, que él no entró en la zona de anotación. Pero me asombró algo mientras miraba el partido. Uno de los locutores para la ESPN que es conocido por su experiencia en el fútbol americano, dijo que él "sentía" que Dak entró. No dejaba de enfatizar que "sentía" que había anotado, basándose en ver las embestidas de los jugadores y el grupo.

Que un locutor dijera eso parecía algo extraño, en especial ya que ese locutor era el que estaba dedicado a hablar sobre las decisiones disputadas de los árbitros. Fue entonces cuando el otro comentarista le preguntó si se supone que un árbitro debe anular una decisión debido a cómo se siente. El locutor que había hecho hincapié en el sentimiento se rio y admitió que no, el árbitro no debería hacer eso. Una decisión debe anularse solamente cuando haya una confirmación visual clara e indiscutible de que debe anularse.

Una parte demasiado grande de nuestra cultura actual está actuando sobre la misma base que utilizó el locutor al querer anular esa decisión. Las decisiones se toman basadas en sentimientos. La verdad está siendo redefinida sobre la base de sentimientos. Se están estableciendo normas culturales basadas en sentimientos. Y, mientras que eso es peligroso en sí mismo, se vuelve aún más peligroso cuando entendemos que los sentimientos cambian. Pueden cambiar en un instante. Y no solo eso, sino que los sentimientos generalmente difieren con base en quién es la persona y la perspectiva que tiene.

No tengo ninguna duda de que los seguidores de los Cowboys sintieron todos ellos que Dak entró en la zona de anotación cuando vieron los ángulos de las repeticiones. Tampoco tengo ninguna duda de que los seguidores de los Eagles sintieron que Dak no entró. Siempre que basemos nuestros valores, creencias y decisiones en los sentimientos, ya no los estamos basando en la verdad.

Si tuviera que suponer, creo que usted no volaría en ese avión, no haría caso al cirujano, ni confiaría en el farmacéutico de mis ejemplos anteriores porque, cuando se trata de su vida y su salud, quiere personas que conozcan la verdad y actúen con base en ella. No querrá personas que baratean o timan. Usted quiere la verdad. Y, sin embargo, a pesar de la importancia que tiene la verdad en tantos aspectos, vivimos en una época en la que la verdad está muriendo a nuestro alrededor. Todo ha quedado para ser definido por las emociones, la manipulación, la propaganda o las agendas, lo cual ha conducido a una confusión y caos catastróficos en multitud de ámbitos.

Para comenzar, estamos siendo testigos del caos psicológico que nos rodea. La trayectoria mental de las personas se ha desviado porque la verdad ya no sirve como punto de referencia para la mente. Vemos también caos psicológico cuando individuos y eruditos garabatean ideas y teorías *ad naúseam* (sin descanso). La Escritura lo denomina estar siempre aprendiendo y nunca poder llegar al conocimiento de la verdad (ver 2 Timoteo 3:7). Las personas coleccionan información hoy día como solían coleccionar tarjetas para intercambiar o peluches Beanie Babies de edición limitada. Me resulta sorprendente que las personas vean una necesidad en conseguir un grado tras otro y, sin embargo, muchas veces no parecen ser más brillantes que cuando comenzaron a seguir la educación académica formal. Eso se debe a que con frecuencia han conseguido esos grados en el cementerio de la verdad.

También hay caos científico cuando las personas lidian con probabilidades y posibilidades solo para descubrir que los científicos parecen cambiar de opinión tan frecuentemente como el viento cambia de dirección. Ya sea debido al descubrimiento de nueva información o a diferentes interpretaciones de datos existentes, normas basadas en la ciencia con frecuencia se han comunicado como nada más que sugerencias basadas en incertidumbres. Un año es sano beber café; al año siguiente no lo es. Un año es sano comer pan, y al siguiente no lo es. Estos son ejemplos un poco exagerados, ya que estoy seguro de que usted es consciente de los continuos cambios recientes en la ciencia que impactan e influyen más personalmente.

Los cambios continuos, o incluso las interpretaciones contradictorias que pueden variar de un estado a otro en nuestra América, a lo largo de los últimos años han levantado banderas rojas para muchos de nosotros. A veces incluso parece que, en lugar de que los científicos se definan a sí mismos como "descubridores de la verdad", muchos han dado el salto a buscar ser "determinantes de la verdad", incluso cuando eso significa revertir sus propias decisiones rápidamente y con frecuencia. Esto ha conducido a división, caos, confusión, y a un titubeo general en nuestra cultura con respecto a hacer lo que nos han pedido hacer: confiar en la ciencia.

También enfrentamos caos en el entretenimiento. Los programas de entrevistas solían ofrecer plataformas para el debate de temas candentes, pero ahora no tenemos otra cosa sino "balbuceos". Personas confusas conversan sobre ideales confusos que a menudo están arraigados en perspectivas unilaterales, lo cual conduce entonces a una audiencia incluso más confusa. En la actualidad no carecemos de opiniones, y puede ser difícil distinguir entre quién dice la verdad, a quién deberíamos creer, a quién es sabio seguir, y de quién necesitamos aprender. Esto conduce a un ciclo en las redes sociales de hacer amigos y que nos hagan amigos, o eliminar como amigo y que nos eliminen como amigo, de seguir y de que nos sigan, etc., basándonos en lo que las personas dicen o no dicen debido a engaños acerca de lo que es la verdad.

Además del caos en psicología, ciencia y entretenimiento, sin embargo, la mayor causa de confusión en nuestra tierra actualmente es la existencia de caos espiritual. Ahora tenemos grillos en el púlpito, o tenemos multitud de trinos, o gritos, o comezón de oír. Pero lo que no tenemos es claridad. Lo que no tenemos es la verdad. Lo único que debiera distinguir al *influencer* o pastor cristianos, al igual que a la Iglesia de Jesucristo, es que somos personas de la verdad. Somos personas que se toman en serio el concepto de la verdad; sin embargo, incluso dentro de gran parte de la Iglesia hoy día, la verdad ha abandonado el edificio.

Por lo tanto, cuando me propuse escribir un libro sobre lo que más necesitan nuestras naciones y el mundo en este momento, que es un regreso al carácter cristiano y a los valores del reino, me di cuenta de que necesitaba comenzar desde el cimiento, donde se forman los valores. Sin un cimiento de verdad, el carácter y los valores tienen tanto peso y consistencia como ese viento que mencioné antes.

> **Sin un cimiento de verdad, el carácter y los valores tienen tanto peso y consistencia como el viento.**

Cambiemos la definición de la verdad y, por defecto, tendremos que cambiar los valores que se le asignan o que surgen de ella. Por eso, la primera parte de este libro examinará qué es la verdad, dónde encontrarla, cómo utilizarla y las maneras de aplicarla. La verdad es el cimiento del carácter. Entonces, después de haber estudiado la verdad y haber entendido su importancia en nuestras vidas, la segunda parte del libro se enfocará en los valores centrales del reino que Jesús enseñó a sus discípulos mientras estaban sentados en una ladera que visité no hace mucho tiempo atrás, al lado del Mar de Galilea.

Nunca olvidaré la primera vez que estuve en esa ladera montañosa donde Jesús dio su mensaje que hoy se conoce como el Sermón del Monte. Lo que más me llamó la atención fue el mar. Siempre había pensado que el mar que Jesús envió a sus discípulos a cruzar la noche en que se encontraron con la enorme tormenta era enorme; pero, al estar allí en la ladera aquel día durante mi primer viaje a Israel, pude ver claramente el otro lado del agua.

La historia tuvo mucho más sentido para mí cuando supe la verdad del tamaño del mar, porque para que los discípulos se vieran envueltos en una tormenta en medio del mar, la tormenta tuvo que haberse levantado muy rápidamente. En efecto, yo había leído en la Biblia que la tormenta llegó sobre ellos de repente, pero no fue hasta que vi realmente el tamaño relativamente pequeño del mar cuando comprendí toda la verdad de la situación. Eso me ayudó a entender más claramente cómo los discípulos podrían haberse subido a la barca incluso si se estuvieran formando nubes de tormenta en la distancia, y suponer que llegarían con seguridad al otro lado. La verdad tiene una manera de aportar claridad a nuestra comprensión.

¿QUÉ ES LA VERDAD?

Preparemos el escenario para nuestro primer tema leyendo esa icónica conversación entre Jesús y Pilato que se encuentra en Juan 18:33-38. En una de las últimas conversaciones de Jesús en la tierra, leemos:

> *Entonces Pilato volvió a entrar en el pretorio, y llamó a Jesús y le dijo: ¿Eres tú el Rey de los judíos? Jesús le respondió: ¿Dices tú esto por ti mismo, o te lo han dicho otros de mí? Pilato le respondió: ¿Soy yo acaso judío? Tu nación, y los principales sacerdotes, te han entregado a mí. ¿Qué has hecho? Respondió Jesús: Mi reino no es de este mundo; si mi reino fuera de este mundo, mis servidores pelearían para que yo no fuera entregado a los judíos; pero mi reino no es de aquí. Le dijo entonces Pilato: ¿Luego, eres tú rey? Respondió Jesús: Tú dices que yo soy rey. Yo para esto he nacido, y para esto he venido al mundo, para dar testimonio a la verdad. Todo aquel que es de la verdad, oye mi voz. Le dijo Pilato: ¿Qué es la verdad? Y cuando hubo dicho esto, salió otra vez a los judíos, y les dijo: Yo no hallo en él ningún delito.*

¿Qué es la verdad? Pilato hizo la pregunta de nuestra cultura actual cuando le habló a Jesús aquel día. Le preguntó lo que oímos una y otra vez en discusiones y disputas, y especialmente en el Internet: ¿qué diantre es la verdad? Y, además, ¿quién la define?

Ciertamente, es difícil saber qué es la verdad si vivimos en una cultura que niega su existencia. Pilato no vivía en un mundo de absolutos; él era agnóstico, y cuestionaba si alguien podía conocer la verdad. Pero, en lugar de señalar con el dedo a Pilato, si abrimos nuestros ojos en nuestra cultura cristiana actual podemos encontrar a muchas personas que son exactamente como él.

Hay demasiados creyentes que cuestionan si existe la verdad. El concepto de la verdad se ha convertido en un tema de debate en sí mismo. Algunos se inclinan más hacia el racionalismo, que significa que la verdad es lo que una persona puede percibir o aprender intelectualmente. Para los racionalistas, la verdad es aquello que nuestra mente puede comprender de tal modo que tenga sentido para nosotros.

Otras personas tienden hacia el pragmatismo. El pragmatismo define la verdad más en línea con lo que funciona. Si algo funciona en ese momento en el tiempo, entonces debe ser verdad para ese punto en el tiempo. Y hay otros que se inclinan hacia cosmovisiones en las que la verdad es subjetiva; se trata más de cómo nos sentimos o de lo que decidimos creer. La verdad no es otra cosa sino "mi verdad", "su verdad" o "nuestra verdad". El relativismo y el posmodernismo definen la verdad según la manera en que la realidad es percibida por cada persona (relativismo), o incluso cómo preferiría verla cada persona (posmodernismo).

En esencia, vivimos en un mundo de *-ismos*, en el que cada uno busca definir la verdad según sus propias teorías, metas y agendas. Pero Jesús no ahorró palabras cuando dijo en el versículo 37: *Para esto he venido al mundo, para dar testimonio a la verdad.* Jesús no presentó la verdad a debate. Jesús le dijo a Pilato, al igual que le dice a cualquier otra persona que tenga oídos para oír, que Él es quien da testimonio de la verdad.

La verdad puede definirse como una norma absoluta mediante la cual se mide la realidad. Jesús nos dijo no solo que existe la verdad, sino también que es una fuerza poderosa cuando afirma en Juan 8:32: *Y conoceréis la verdad, y la verdad os hará libres.* La verdad no es un concepto inventado. La verdad existe. Jesús da testimonio de su existencia y dice que podemos llegar a conocer la verdad por nosotros mismos.

Esta norma absoluta y objetiva por la cual se mide la realidad está fuera de nosotros. Debido a eso, la verdad trasciende las emociones. Cómo nos sentimos no determina si algo es verdad. La última vez que lo comprobé, uno más uno es igual a dos. Esta verdad no depende de si sentimos que suma dos, ni depende de si nos gustaría que sumara tres. La verdad es que uno más uno siempre suma dos. Sin considerar cómo nos sintamos acerca de algo que es verdad, necesitamos tener en mente que nuestros sentimientos no determinan la verdad. Nuestros sentimientos podrían estar equivocados. La verdad no necesita de nuestras emociones para aprobarla o validarla. Uno más uno siempre ha sumado dos, y siempre sumará dos. Esto es así porque hay una norma absoluta y fija por la cual se mide la realidad. Sin esta norma, gran parte de lo que descansa en fórmulas y programas matemáticos se detendría en seco. Sin esta norma, la física del universo colapsaría, al igual que el mundo en el que vivimos.

¿Acaso no queremos saber, cuando nos subimos a un avión, que la verdad de la gravedad siempre funcionará como una norma absoluta? ¿No nos da confianza y consuelo saber que la realidad no se desvía sobre la base de cómo se sienten las personas? No querríamos volar si la gravedad fuera una norma negociable que algunas veces funcionara tal como se afirma y otras veces no lo hiciera. Además, sin duda queremos saber que, cuando nos subimos a un avión, la verdad de la aerodinámica siempre funciona también. ¿Por qué? Porque, sin ella, el avión se estrellará al despegar.

Nuestra sociedad no está tan opuesta a la verdad como muchos querrían que estuviera. Casi todos nosotros actuamos sobre un fundamento de verdad en muchos sectores de nuestra vida; sin embargo, cuando se trata de nuestra propia identidad y cualidades de carácter personales como seres humanos, es ahí donde la verdad parece ser lanzada por la ventana.

El clima en nuestra cultura me recuerda una conversación que tuve una vez con mi papá. Él era anciano y batallaba con una enfermedad. Cuando le pregunté si las medicinas que el médico le había recetado le estaban ayudando, él respondió que no. Cuando le pregunté por qué, me dijo que no le gustaba esa medicina.

"Entonces, ¿qué hiciste, papá?", le dije.

"Cambié de médico", me respondió.

Demasiadas personas en la actualidad están cambiando de pastores, maestros, fuentes de noticias, *influencers* en redes sociales, escritores, e incluso amigos cuando alguien dice algo que no les gusta o con lo que están en desacuerdo. La cultura de la cancelación ha llegado a un nivel totalmente nuevo en cuanto a que he visto incluso a familias cancelarse los unos a los otros por desacuerdos sobre lo que creen que es verdad. Lo que tenemos hoy día son personas que van de un lado a otro hasta que encuentran a alguien que les dirá lo que quieren escuchar.

Un día, un profesor le dijo a su clase que iban a comenzar el año con la siguiente afirmación filosófica: "No existen los absolutos". El profesor les dijo entonces que no podían llegar a una posición fija en nada. Uno de los alumnos en la clase del profesor levantó su mano después de que el profesor hubiera terminado de hacer sus comentarios introductorios. El alumno quería aclarar lo que el profesor acababa de decir: que no existían los absolutos. Cuando el profesor afirmó al alumno que asi era, este hizo una pausa, y después planteó otra pregunta: "Profesor, ¿está usted absolutamente seguro?".

Aunque no es una historia real, podemos imaginar las risas en el salón de clases si lo fuera. El profesor había postulado un absoluto al tiempo que afirmaba que no había ninguno. Usted debe decidir, como debería hacerlo cada cristiano, cuál es su postura sobre este tema de la verdad. Ahora bien, no dije que usted debe decidir lo que es la verdad. Más bien, debe decidir dónde se sitúa en cuanto al tema de la verdad. Debe decidir si va a caer en brazos de una cultura que permite que cada persona haga lo que bien le parece ante sus propios ojos (ver Jueces 21:25), o si va a reconocer que existe una norma objetiva mediante la cual ha sido establecida la verdad. No se puede confiar en que la carne contaminada y pecaminosa sea la que establece la verdad o la mantiene. El pecado distorsiona la verdad. La verdad descansa en la perfección pura del Creador mismo.

Otra razón por la cual la humanidad no puede servir como nuestra propia norma para la verdad es porque somos finitos; somos limitados. No sabemos todas las cosas con respecto a todo, y por eso aprendemos. Por eso estudiamos. Por eso cambiamos de opinión a medida que descubrimos información.

Además, aquello de lo que aprendemos no siempre está arraigado en la verdad. A veces descubrimos, más adelante en nuestro viaje, que lo que estábamos aprendiendo y creyendo que era verdad, en realidad era mentira, desinformación o propaganda. A propósito, esto no es nada nuevo. Surge de lo que se conoce como "doctrinas de demonios" (ver 1 Timoteo 4:1).

Los demonios tienen una escuela en la cual se ha matriculado la mayoría de la humanidad a lo largo de los años. Satanás y sus fuerzas demoníacas buscan engañar a las personas con medias verdades, verdades parciales, y mentiras claras para engañar y controlar a la población. Puedo imaginar que no hay ni una sola persona que esté leyendo este libro que no haya sido engañada por el diablo en algún momento u otro. Satanás es el padre de mentiras, y es un maestro en los engaños, en particular en los que están vestidos de verdades parciales. Es mucho más fácil tragarse una mentira que está cubierta de verdad. El diablo sabe eso, razón por la cual a menudo encontraremos la verdad mezclada con mentiras cuando él se propone engañar (ver Génesis 3:1-6; Mateo 4:1-11).

En la actualidad vivimos en una red mundial de mentiras. Dondequiera que miramos y dondequiera que vamos somos bombardeados por carteles seculares que proclaman mentiras. Sin duda, podrían ser mentiras muy bien dibujadas, vestidas, y que suenan muy sofisticadas, pero siguen siendo mentiras. Vivimos en una tierra de duplicidad que se ha alejado cada vez más de una ética judeocristiana, llegando finalmente a la orilla de un paraíso de mentiras. El diablo es un engañador; por lo tanto, la cultura está contaminada.

Si queremos descubrir la verdad absoluta de la que surgen los valores del reino, debe provenir de una Fuente absoluta. La verdad perfecta proviene solamente de una Fuente perfecta. Todo lo demás son conjeturas.

Y hay solamente una Fuente perfecta en el universo: Dios.

Por eso, muchos movimientos políticos como el socialismo, el comunismo y el marxismo buscan que la religión sea erradicada o marginada. De ese modo, no tienen que lidiar con un absoluto; no tienen que lidiar con Dios. Los líderes en esos sistemas quieren que el gobierno sea el árbitro de la verdad. Incluso en los Estados Unidos, a medida que nos alejamos de una cosmovisión judeocristiana ha habido un mayor ataque a la libertad de religión. Eso se debe a que, sin Dios, no hay ninguna verdad. Dios es el Dios de verdad. Lo leemos una y otra vez en la Escritura (énfasis añadido):

*En tu mano encomiendo mi espíritu; Tú me has redimido, oh Jehová, **Dios de verdad**.*   (Salmos 31:5)

*El que se bendijere en la tierra, en el **Dios de verdad** se bendecirá; y el que jurare en la tierra, por el **Dios de verdad** jurará; porque las angustias primeras serán olvidadas, y serán cubiertas de mis ojos.*   (Isaías 65:16)

*... para que por dos cosas inmutables, en las cuales es **imposible que Dios mienta**, tengamos un fortísimo consuelo los que*

hemos acudido para asirnos de la esperanza puesta delante de
nosotros. (Hebreos 6:18)

*De ninguna manera; antes bien **sea Dios veraz**, y todo*
hombre mentiroso; como está escrito: Para que seas justificado
en tus palabras, y venzas cuando fueres juzgado.

(Romanos 3:4)

Cuando nosotros, o personas que conocemos, estamos en desacuerdo con Dios, entonces somos nosotros (o ellos) quienes estamos equivocados. Es imposible que Dios se equivoque. Dios es verdad. Hay dos respuestas a toda pregunta: la respuesta de Dios y la de todos los demás. Y, cuando todos los demás no están de acuerdo con Dios, entonces todos los demás se equivocan.

No hay nada en la naturaleza de Dios que ni siquiera haga posible que Él mienta. Él lo sabe todo acerca de todo. Y, cuando se conoce todo acerca de todo, no se puede estar equivocado. Cuando se conoce el pasado, el presente y el futuro, no se puede estar equivocado. Cuando, para empezar, esa persona es quien lo creó todo y quien lo sostiene todo en cada momento, no puede estar equivocada. Jesús declaró que, como parte de la Deidad trina, Él vino *lleno de gracia y de verdad* (Juan 1:14).

Él también afirmó con valentía en Juan 14:6: *Yo soy el camino, y la verdad, y la vida; nadie viene al Padre, sino por mí.* Observemos que Jesús no dijo que Él es *un* camino o *una* verdad. Dijo que Él es *el* camino y *la* verdad. Jesús no es tan solo uno entre muchos; Él es *la* norma por la cual ha de medirse la verdad.

Además, la Biblia denomina al Espíritu Santo el tercer miembro de la Trinidad, *el Espíritu de verdad* (ver Juan 14:17; 15:26; 16:13). El Espíritu Santo nos transfiere la verdad de Dios para que podamos conocer el camino a seguir y las decisiones que tomar. Él sirve como nuestro Maestro, Instructor y Guía.

Dios es verdad.

Jesucristo es verdad.

El Espíritu Santo es verdad.

Por lo tanto, la verdad es lo que Dios ha declarado que lo es. La verdad no es lo que dicen las últimas encuestas de opinión, ni lo que dicen los sondeos. No es lo que reportan los periodistas, ni tampoco lo que fomentan los críticos. Todo eso es secundario con respecto a lo que Dios ha declarado sobre un tema. Y, por cierto, Dios ha hablado sobre todos los temas. Tal vez usted necesite estudiar para descubrir lo que Él tiene que decir, pero Él ha hablado.

La verdad nunca tiene su origen en este orden mundial. La verdad siempre tiene su origen solamente en Dios. Viene de otro ámbito porque Él viene de otro ámbito. La verdad se sitúa fuera del tiempo y el espacio, y también se sitúa fuera de nuestros cinco sentidos. La verdad no puede ser determinada en términos humanos porque su Originador y Autor no es humano.

Por eso, la pregunta global que deberíamos hacernos sobre cada tema que estudiamos o del que aprendemos es esta: ¿Qué ha dicho Dios sobre el asunto? Si nos hacemos esa pregunta por adelantado en lugar de hacerla después, nos ahorraremos mucho tiempo y consecuencias.

Un piloto de avión necesita una torre de control porque el piloto no puede verlo todo. Podría haber algo acercándose que el piloto necesita saber con antelación. O tal vez el piloto necesita ser alertado de otros aviones que están cerca. Por eso el piloto necesita que haya algo fuera de él o ella, ya sea la torre de control o el radar, para guiar al avión de manera segura por el cielo. De modo similar, usted y yo necesitamos una torre de control. Necesitamos algo o Alguien que esté fuera de nosotros, más grande que nosotros, Alguien que pueda ver más allá de lo que nosotros podemos ver para guiarnos por esta vida.

Dios es nuestro guía.

Vivimos en un mundo que camufla mentiras con la verdad. Es como el hombre que regresó a su casa de un viaje de pesca y le mostró a su esposa veinte peces grandes. Ella quedó muy impresionada.

"¿Tú pescaste todos estos peces?", le preguntó.

"Sí, claro, yo los agarré todos", respondió él, con una sonrisa de oreja a oreja.

El problema era que la esposa conocía demasiado bien a su esposo y también sus habilidades en la pesca, de modo que volvió a preguntarle.

> La pregunta global que deberíamos hacernos
> sobre cada tema que estudiamos o
> del que aprendemos es esta:
> ¿Qué ha dicho Dios sobre el asunto?

"Ahora, delante de Dios, ¿de verdad los pescaste todos?".

"Bueno, sí", respondió él. "Fui al mercado de pescado después de mi viaje y le dije al pescadero que me lanzara cada uno de los peces. Por lo tanto, sí, ¡yo los agarré!".

¿Era un hecho lo que él dijo originalmente? Sí, era un hecho. Él había agarrado los veinte peces. Pero ¿era verdad que los pescó? Claro que no.

Lo que el mundo hace es decirnos los hechos, pero no nos dice la verdad. Los hechos sin la verdad son tan solo otro modo de mentir.

La pregunta que necesitamos plantearnos al recorrer este viaje de los valores del reino es: ¿a quién vamos a acudir como la fuente de la verdad? ¿Serán nuestros amigos? ¿Serán los académicos? ¿Los eruditos? ¿Los predicadores? ¿*Influencers* en las redes sociales? ¿Los medios de comunicación? ¿Los políticos? ¿Los instintos morales? ¿Nuestros propios sentimientos, esperanzas o deseos? ¿O será la Fuente verdadera: Dios mismo? Para tener valores del reino compartidos como cultura o como sociedad, tendremos que acudir a la misma Fuente de verdad: Dios. Él es la norma mediante la que se mide todo.

Yo tengo un familiar que vive en Inglaterra, y a través de los años, cuando he ido de visita, uno de los escenarios que normalmente vamos a ver es el Big Ben. Se erige por encima de los otros edificios cercanos, ya que ofrece la norma precisa para medir la hora. De hecho, he visto a hombres vistiendo trajes de tres piezas sacar su reloj de bolsillo o comprobar en su reloj de muñeca y después mirar al Big Ben. Lo que están haciendo es acudir a la fuente de la hora más precisa para sincronizar su propio reloj con esa hora.

Ahora bien, si el reloj de bolsillo de alguien difiere del Big Ben, esa persona ajusta su reloj de bolsillo. No sube hasta el Big Ben para ajustar el Big Ben. El Big Ben no se ajusta al reloj de nadie. Cuando los relojes de las personas difieren, entonces son los relojes de las personas los que deben ser ajustados.

De modo similar, cuando se trata de nuestras vidas y decisiones, Dios quiere que acudamos a Él como la fuente de lo que es verdad. No quiere que miremos lo que dijeron nuestros padres, lo que dijeron los profesores, nuestros amigos, las noticias, o cualquier otra cosa. Cuando lo que pensamos o sentimos difiere de lo que Dios dice, entonces lo que nosotros pensamos o sentimos es lo que necesita un ajuste, y no Dios. Dios es la verdad.

A medida que nuestra cultura desciende a un caos cada vez mayor con cada día que pasa, ya es el momento de que aquellos de nosotros que invocamos el nombre de Jesucristo regresemos a la verdad. No debemos disculparnos por ser personas de la verdad. Debiéramos vivir con un compromiso inflexible con la norma absoluta, objetiva y autorizada divinamente por la cual ha de medirse la realidad. Cuando usted y yo hagamos eso, cuando vivamos como personas de la verdad, llevaremos calma al caos que nos rodea.

Como seguidores del reino de Jesucristo debemos dejar una marca en la tierra por la influencia del cielo. Debemos orar como Jesús: *Venga tu reino. Hágase tu voluntad, como en el cielo, así también en la tierra* (Mateo 6:10). Hemos de vivir de acuerdo con la verdad porque esa es la única manera en que invitaremos plenamente la sanidad, la esperanza y la intervención de Dios al caos cultural que pretende envolvernos.

Hay una historia de un barco que discurría por un canal una noche de niebla. Era un canal muy traicionero, y el capitán apenas si podía ver nada de lo que había delante de él. Esto sucedió en tiempos anteriores a los instrumentos de alta tecnología que los capitanes tienen ahora. Lo único que podía hacer el capitán para navegar por el canal era mirar adelante y dirigir el timón lo mejor que podía.

Sin embargo, al mirar adelante, pareció ver una luz. El capitán supuso que la luz era un barco que se acercaba, de modo que envió un mensaje al capitán del otro barco: "Vire tres grados norte para que no choquemos".

Recibió otro mensaje: "No, usted vire tres grados sur para que no haya un choque".

El capitán se molestó por la respuesta, de modo que envió otra vez su propio mandato: "¡Le dije que vire tres grados norte para que no choquemos!".

Y recibió un nuevo mensaje: "¡No, usted vire tres grados sur para que no haya colisión!".

El capitán intentó entonces hacer valer su rango.

"Yo soy un capitán. Soy un oficial de la Marina estadounidense, ¡y demando que usted vire tres grados norte!".

Y recibió este mensaje: "Yo soy un faro. No me muevo".

Dejemos de negociar con Dios como si nuestro rango prevaleciera. Él es la verdad. Él no se mueve. Nosotros debemos ajustarnos a la verdad y vivir como personas de la verdad si queremos evitar el caos personal, los choques y las colisiones tan predominantes a nuestro alrededor.

2

EL ATAQUE A LA VERDAD

El Día de la Liberación es un día feriado importante para muchas personas, porque es un día establecido para reconocer y celebrar el final de la esclavitud en los Estados Unidos. La Proclamación de Emancipación fue firmada el día 1 de enero de 1863 para poner fin legalmente al sistema de la esclavitud. Pero la mayoría de las personas no se dan cuenta de que a muchos esclavos les tomó dos años más descubrir que eran libres. El Día de la Liberación se produjo el 19 de junio de 1865, cuando dos mil tropas de la Unión llegaron a la Bahía de Galveston y liberaron a 250 000 esclavos que todavía seguían operando bajo el viejo sistema de la esclavitud.

Aunque por dos años y medio esos individuos eran legalmente libres, se comportaban como si fueran esclavos porque no sabían que no lo eran. Los soldados confederados seguían manteniendo territorio allí, y se negaron a someterse a la proclamación realizada por el presidente Lincoln en 1863. Fue necesario otro poder respaldado por varios miles de soldados para hacer realidad lo que había sido establecido legalmente.

Existe otro tipo de esclavitud hoy día que mantiene cautivas a las personas. Las mantiene encadenadas a una existencia fuera de sus propios deseos espirituales. Es la esclavitud de la que habla Jesús en Juan 8:31-32: *Dijo entonces Jesús a los judíos que habían creído en él: Si vosotros permaneciereis en mi palabra, seréis verdaderamente mis discípulos; y conoceréis la verdad, y la verdad os hará libres.*

Jesús estaba hablando a personas que creían en Él. Ya eran cristianos, ya eran sus seguidores; sin embargo, a pesar de conocer a Jesús, de aceptarlo y amarlo, aun así necesitaban ser hechos libres. Podemos conocer a Jesús e incluso pasar tiempo con Jesús, pero seguir estando amarrados en las trampas del enemigo.

Cuando alguien confía solamente en Cristo para el perdón de sus pecados es salvo por la eternidad, pero la libertad en la tierra de la esclavitud del pecado es un proceso. La salvación no quita automáticamente todas las cuerdas y las cadenas que antes mantuvieron cautiva a la persona. Ser hechos libres significa ser liberados de algo que no debiera encadenarnos ni limitarnos ni un minuto más. Vivir libres es experimentar la expresión plena de nuestro destino en esta vida. Pero se accede a la libertad solamente mediante la verdad, y la verdad ha quedado perdida, como hemos visto anteriormente.

Como la verdad a menudo no se halla en ningún lugar, hay demasiadas personas que se encuentran limitadas ilegítimamente a ser prisioneras de guerra espirituales. Están amarradas detrás de las líneas enemigas, incapaces de romper las cadenas que les atan. La razón de que eso suceda tan frecuentemente en la tierra es que hay una fuerza muy poderosa que se opone a nuestra libertad. Enfrentamos a un enemigo a quien lo que más le gustaría es mantenernos atrapados a cada uno de nosotros en una red pegajosa de mentiras.

Tenemos una mayor vislumbre de este enemigo unos versículos más adelante de los que leímos en Juan 8, donde Jesús lo revela claramente:

> ¿Por qué no entendéis mi lenguaje? Porque no podéis escuchar mi palabra. Vosotros sois de vuestro padre el diablo, y los deseos de vuestro padre queréis hacer. Él ha sido homicida desde el principio, y no ha permanecido en la verdad, porque no hay verdad en él. Cuando habla mentira, de suyo habla; porque es mentiroso, y padre de mentira. Y a mí, porque digo la verdad, no me creéis.
> (vv. 43-45)

Jesús afirma con valentía que Satanás no es otra cosa sino un mentiroso. Todo acerca del diablo está envuelto en engaño. Además, él ha estado mintiendo a lo largo de las edades. Para ayudarnos a entender el razonamiento de Satanás para retorcer la verdad y decir mentiras, necesitamos mirar su agenda general. Su propósito nos es revelado en Isaías 14:12-14. Dice:

> ¡Cómo caíste del cielo, oh Lucero, hijo de la mañana! Cortado fuiste por tierra, tú que debilitabas a las naciones. Tú que decías en tu corazón: Subiré al cielo; en lo alto, junto a las estrellas de Dios, levantaré mi trono, y en el monte del testimonio me sentaré, a los lados del norte; sobre las alturas de las nubes subiré, y seré semejante al Altísimo.

En este pasaje, vemos al instante que la única meta de Satanás es construir un reino que compita con el de Dios. Su agenda fundamental es usurpar el gobierno de Dios y su autoridad legítima. Sabemos eso por lo que dijo. Afirmaciones como "subiré", "levantaré", "me sentaré" y "seré semejante al Altísimo" revelan el final de su juego. Satanás estuvo celoso de Dios desde el inicio; por lo tanto, su motivación es ser semejante a Dios mismo. Quiere la gloria, la atención y el control.

Cuando leo estos versículos, me parece que Satanás quería su independencia. No quería tener que responder ante una autoridad más alta, sino ser él quien estuviera al mando. Quería ser el jefe, y también quería tener todos los ojos sobre él, adorándolo al igual que toda la creación adoraba a Dios.

Para poder conseguir su objetivo, Satanás puso en movimiento un proceso de engaño y, como resultado de su propaganda y sus mentiras, consiguió que una tercera parte de los ángeles lo siguieran. Tengamos en mente que eran ángeles sin pecado; este es un punto importante porque, si ángeles sin pecado pudieron ser engañados para seguir al diablo, probablemente no deberíamos pensar ni siquiera por un segundo que nosotros podemos superarlo en astucia. Él es muy bueno en lo que hace, y sus mentiras a menudo llegan envueltas en medias verdades, lo que hace que sea difícil discernir aquello que es verdad.

Cuando Dios creó a la humanidad, le dio a Adán la instrucción tan conocida de que no debía comer del árbol del conocimiento del bien y del mal (ver Génesis 2:17). Era la única acción prohibida. Dios le dio a Adán un huerto frondoso lleno de todo tipo de frutos deliciosos, pero le prohibió comer del que a mí me gusta denominar "árbol de Google". Me refiero así al árbol porque ese árbol era una fuente de información que abriría una caja de Pandora de pensamientos.

El árbol estaba ahí para hacer saber a Adán que no era él quien determinaba qué es el bien o qué es el mal independientemente de Dios. Dios había de ser el centro de información de Adán. Dios había de ser su buscador de Google. Dios había de ser la definición de lo que es bueno y lo que es malo. La verdad debe originarse en la Fuente, o se vuelve enrevesada en repeticiones que hacen caer a la humanidad a una ratonera de desesperanza basada en una plétora de mentiras.

El inicio de casi todas esas mentiras comienza con la frase favorita de Satanás: "¿Ha dicho Dios?". Comienza su engaño a Adán y Eva planteando una pregunta acerca de la integridad de Dios.

¿De veras sabe Dios de lo que está hablando?

¿De veras Dios está informado?

¿Realmente Dios quiere lo mejor para ustedes?

¿De veras Dios les entiende?

¿Realmente Dios se interesa?

> **La verdad debe originarse en la Fuente, o se vuelve enrevesada en repeticiones que hacen caer a la humanidad a una ratonera de desesperanza basada en una plétora de mentiras.**

Las preguntas pueden cambiar, pero su raíz sigue siendo la misma. Satanás busca eliminar cualquier creencia que pueda en la integridad de Dios. Buscó hacer eso con Adán y Eva, y busca hacer lo mismo con nosotros ahora. Lo hace dando la impresión de que Dios está jugando con todo el mundo, y que Dios en realidad no dice la verdad. Lo hace intentando hacernos creer que están jugando con nosotros; y nadie quiere que jueguen con su vida.

Y, sin embargo, esa no es solo una estratagema limitada a las fronteras de un huerto. Es una estratagema global que se ha desarrollado a lo largo de la historia. El versículo en 1 Juan 5:19 dice: *Sabemos que somos de Dios, y el mundo entero está bajo el maligno.* El mundo entero. Es un ataque global de engaño a gran escala (ver Apocalipsis 12:9). Del mismo modo que Satanás engañó exitosamente a Adán y Eva hace miles de años atrás, es como busca hacernos lo mismo a nosotros ahora. Él no ha cambiado su enfoque. ¿Por qué iba a hacerlo? Le sigue funcionando.

PLANTAR PENSAMIENTOS EN FORMA DE SEMILLAS

Lo que hizo Satanás con Eva fue poner un pensamiento en su mente; una pregunta. Igual que en la popular película *El origen*, plantó un pensamiento en forma de semilla. Y no pasó mucho tiempo hasta que ella comenzó a creer que era su propio pensamiento. Pero observemos, por favor, que el pensamiento no vino de ella. El pensamiento vino del diablo, quien introdujo el pensamiento en su mente. Él plantó en su pensamiento esa pregunta sobre la integridad de Dios de tal modo, que a Eva le pareció que era su propia pregunta.

Como resultado, ese pensamiento cambió la manera en que ella veía el mundo que la rodeaba; cambió su perspectiva, su cosmovisión. Cambió su mentalidad. Descubrimos eso en Génesis 3:6: *Y vio la mujer que el árbol era bueno para comer, y que era agradable a los ojos, y árbol codiciable para alcanzar la sabiduría.*

No olvidemos que Eva había visto ese árbol cada día; esa no era la primera vez que lo veía. Pero, después de que Satanás plantara sus pensamientos engañosos en su mente, ella vio el árbol de modo diferente, desde un nuevo punto de vista. El árbol ya no era un símbolo de obediencia y de respeto hacia el Creador del universo: Dios. Ahora era "codiciable para alcanzar la sabiduría". Ella deseó el árbol por lo que supuestamente podía darle.

Su pensamiento se había transformado en un deseo que le hizo dudar de la integridad de su Creador, y el resultado fue la desobediencia. Satanás había utilizado el engaño para llevarla a la duda, la cual se convirtió en deseo, que a su vez culminó en desobediencia.

Ese es su mismo plan de juego para la actualidad. Por eso, antes de examinar cualquier cosa relacionada con las virtudes del reino, tenemos que entender la amplitud de la guerra sobre la verdad. Tenemos que identificar la Fuente de la verdad. De otro modo, cualquiera puede decir que cualquier cosa es una virtud o cualidad de carácter. Estoy seguro de que Satanás le hizo pensar a Eva que obtener información era un buen valor o una cualidad de carácter. Así fue engañada. El diablo no lo enmarcó como lo que era: desobediencia. Enmarcó el pecado como algo positivo, un deseo de conocimiento.

Debido a las astutas distorsiones de los valores que realiza Satanás, primero necesitamos entender que cualquier cualidad de carácter que queramos tener, enseñar, modelar y reflejar a un mundo que observa debe surgir de la verdadera Fuente. Si no es así, no será un verdadero valor del reino. Claro que podría parecer bueno en el momento, pero, en el mejor de los casos, terminaremos, no con la virtud verdadera, sino con una señal de virtud.

¿Acaso no es eso lo que vemos mucho en estos tiempos? Parece que hay un aumento en el número de personas que buscan parecer virtuosas en lo que dicen o hacen, pero más tarde descubrimos, mediante algún escándalo u otro, que todo era solamente una pantomima. La señal de virtud no es virtud. De hecho, la señal de virtud a menudo está arraigada en el orgullo, lo que lo convierte en pecado. Dios se opone al orgullo.

Cuando Adán y Eva pecaron contra Dios al vivir según su propia virtud recién definida de búsqueda de conocimiento y consciencia, todo su mundo colapsó. El entorno colapsó. La tierra, que antes era abundante y frondosa, se llenó de espinos. Su relación colapsó, enfrentándolos el uno con el otro. Su familia también se derrumbó, con un hijo matando a su hermano. Su paz colapsó cuando el dar a luz llegó entonces con gran dolor. Y su futuro colapsó cuando enfrentaron una fecha final en lo que anteriormente había sido una existencia continua.

En un partido de fútbol, si un jugador comete una falta, todo el equipo es penalizado. Es así como funciona. El equipo completo sufre. De modo similar, cuando Adán pecó, el mundo entero cayó en el caos. Lo que es cierto en el caso de Adán es cierto actualmente en muchos aspectos: el pecado tiene su manera de afectar mucho más que a las personas y las cosas que están en el círculo inmediato del pecador. Satanás conoce el impacto del pecado y sus efectos de amplio alcance. Por eso es tan persistente en plantar semillas para desplazar la raíz de la verdad en la vida de una persona.

La meta del engaño es alejarnos de Dios. Mientras más tiempo creamos las mentiras, más tiempo viviremos alejados de la permanente presencia de Dios con nosotros, al igual que de la ayuda divina que Él pone a nuestra disposición. Eso se debe a que Dios no puede colaborar ni participar en una mentira.

Pues bien, las mentiras adoptan todas las formas y tamaños. Incluso el anticristo realizará grandes milagros y señales con falsos milagros (ver 2 Tesalonicenses 2:1-10). Una persona puede ser engañada con cosas que parecen buenas. ¿Ha escuchado alguna vez la frase "Demasiado bueno para ser verdad"? Solamente porque algo sea un milagro no significa que viene de Dios. Por eso se nos dice en 1 Juan 4:1-3 que probemos los espíritus a fin de determinar y discernir cuál viene de Dios. Solamente porque alguien o algo parezca bueno no significa que sea bueno. Satanás es muy astuto en saber exactamente cómo hacernos tropezar; tiene el manual de estrategias sobre nosotros a fin de ir tras nuestras debilidades personales.

El caos en nuestra cultura actual y las calamidades sociales que enfrentamos globalmente se deben a que la mayoría de las personas en este planeta riegan las semillas de las mentiras del diablo. El engaño de Satanás crea confusión a medida que busca redefinir lo que significa ser un hombre, una mujer o una familia; lo que significa ser cierta raza o etnia; lo que significa ser popular o valioso, o incluso significativo. Aun lo que significa ser atractivo. Satanás erosiona sutilmente el tejido de nuestro futuro redefiniendo lo que significa tener carácter. No quiere que vivamos según los valores del reino de la luz; quiere que aceptemos sus valores de su reino de oscuridad. Por lo tanto, busca engañarnos a cada uno de nosotros a nuestra propia manera, sabiendo que lo que funcionará con una persona puede que no funcione con otra.

Regresaré al ejemplo del fútbol por un momento. Cuando un equipo de fútbol se prepara para jugar un partido, hará muchas cosas para prepararse para su oponente. Una cosa con la que se puede contar que hará un equipo es ver *siempre* la grabación del partido de su oponente. Al ver la grabación del partido, buscan establecer las tendencias y debilidades del otro equipo. Quieren discernir qué es lo que les motiva a actuar o reaccionar tal como lo hacen. Al estudiar al enemigo, comprenden mejor cómo poder derrotarlo.

Ahora bien, aunque Satanás puede acercarse a nosotros como nuestro amigo, prometiéndonos placer, notoriedad, fama, familia o amigos, hay una cosa que tenemos que entender desde el principio: Satanás no está de nuestro lado. Satanás es nuestro enemigo. Él nos aborrece. Él es el oponente. Y la razón por la que nos aborrece tanto es porque somos creados a imagen de Aquel a quien más aborrece: Dios.

Cierto es que Satanás en ocasiones puede hablar con palabras bonitas, pero su estrategia es siempre eliminarnos. Por lo tanto, como un equipo de fútbol que se prepara para enfrentar a un oponente, Satanás nos estudia a nosotros. Estudia la grabación de nuestro partido, y profundiza en las imágenes para descubrir qué nos motiva, qué nos provoca, y qué nos hace actuar o reaccionar de la manera que él quiere. Al estudiarnos, al estudiar a cada uno de nosotros, el diablo y sus demonios saben qué cuerdas tocar y qué botones pulsar. No es la misma estrategia para todos los creyentes. No, Satanás tiene nuestro número, y se enfoca de modo único en lo que nos hace tropezar a la hora de vivir una vida marcada por el carácter del reino.

Como Satanás y sus huestes nos han estudiado y nos conocen muy bien, serán consistentes a la hora de presentarnos las trampas en las cuales somos más propensos a caer. En ocasiones se presentan en la creación de falsas doctrinas o normas, y otras veces mediante alguien que se opone a la verdadera doctrina y las virtudes basadas en la verdad. Leemos acerca de lo que Satanás hace, al igual que cuál debería ser nuestra respuesta, en 1 Timoteo 4:

> *Pero el Espíritu dice claramente que en los postreros tiempos algunos apostatarán de la fe, escuchando a espíritus engañadores y a doctrinas de demonios; por la hipocresía de mentirosos que, teniendo cauterizada la conciencia, prohibirán casarse, y mandarán abstenerse de alimentos que Dios creó para que con acción de gracias participasen de ellos los creyentes y los que han conocido la verdad. Porque todo lo que Dios creó es bueno, y nada es de desecharse, si se toma con acción de gracias; porque por la palabra de Dios y por la oración es santificado. Si esto enseñas a los hermanos, serás buen ministro de Jesucristo, nutrido con las palabras de la fe y de la buena doctrina que has seguido.* (vv. 1-6)

Los espíritus engañadores y los demonios asedian a quienes viven vidas falsas e hipócritas. Asedian a quienes tienen cauterizada su propia conciencia como con un hierro ardiente. Asedian a quienes han vivido tan lejos de la verdad que ya ni siquiera pueden reconocerla. Y el modo en que hacen que quienes siguen discerniendo la verdad se sitúen en un lugar donde su conciencia ya no les habla, es mediante un alejamiento en pequeños incrementos, como hizo Satanás con Eva cuando le preguntó: "¿De veras Dios les dijo?".

Pablo habla de esto en 2 Corintios 11:3 cuando advierte a sus lectores: *Pero temo que como la serpiente con su astucia engañó a Eva, vuestros sentidos sean de alguna manera extraviados de la sincera fidelidad a Cristo.* Pablo deja claro que nuestra virtud clave como creyentes debiera estar en esta afirmación. Debemos tener una sincera fidelidad a Jesucristo. Por eso, gran parte de lo que vemos en el mundo actualmente funciona como una distracción de tal fidelidad y consagración.

> **Los espíritus engañadores y los demonios asedian a quienes viven vidas falsas e hipócritas. Asedian a quienes tienen cauterizada su propia conciencia como con un hierro ardiente. Asedian a quienes han vivido tan lejos de la verdad que ya ni siquiera pueden reconocerla.**

¿Alguna vez se ha sentado para orar, y entonces cada persona en su lista de contactos le llama al mismo tiempo? Eso es una exageración, pero sabe a qué me refiero. Parece que, cuando decidimos pasar tiempo con Jesucristo, surge algo más para intentar alejarnos. Pablo explica por qué y mediante quiénes sucede eso varios versículos más adelante, en 2 Corintios 11:13-15. Escribe:

> *Porque estos son falsos apóstoles, obreros fraudulentos, que se disfrazan como apóstoles de Cristo. Y no es maravilla, porque el mismo Satanás se disfraza como ángel de luz. Así que, no es extraño si también sus ministros se disfrazan como ministros de justicia; cuyo fin será conforme a sus obras.*

La estrategia de Satanás es simple: quiere entrometerse en nuestra mente, y no le importa disfrazarse como ángel de luz para hacer eso. Es así como tenemos a tantas personas que están dispuestas a entregar sus vidas a líderes de sectas, desde Waco a Guyana, o cualquiera que sea. Se debe a que las mentes de las personas han sido secuestradas por "obreros fraudulentos, que se disfrazan como apóstoles de Cristo". Satanás no siempre (y puede que nunca) viste un traje rojo y lleva un tridente en su mano; pero sí que conoce muchas maneras de conseguir que él mismo y sus demonios parezcan interesantes, atractivos y seductores. Esta luz falsa confunde entonces a quienes no conocen la verdad de Dios lo suficiente para poder discernir entre hechos y ficción.

Tenemos escuelas públicas, e incluso algunas escuelas cristianas, que en estos tiempos alejan a los niños de la verdad. Tenemos programas de televisión y películas que alejan a las personas entreteniéndolas. Tenemos líderes raciales que destruyen las vidas de personas tomando un tema legítimo y complicándolo tan profundamente con mentiras, que apartan de la verdad a personas. Tenemos incluso pastores y supuestos líderes espirituales que dibujan una versión nueva de la fe que permite que cualquier cosa y todo sea considerado la verdad.

El único modo de identificar una mentira es conocer la verdad. Pero, si una persona no conoce la verdad, las mentiras le consumirán. Y, antes de que se dé cuenta, esa persona no solo estará aceptando mentiras como verdad, sino que también las respaldará. Es así como se produce el profundo engaño de Satanás. Él es astuto. Logrará que una persona muera por una mentira a la vez que condena y critica a quienes defienden la verdad.

Me recuerda al granjero que se cansó de que los hijos del vecino se acercaran y robaran sus sandías. Tras muchas veces, decidió que sería astuto en el modo de manejar la situación. El granjero decidió poner un cartel en el límite de su huerto de sandías que decía: "Una de estas sandías está envenenada". *Esto funcionará*, pensó el granjero mientras clavaba el cartel recién pintado en el terreno.

El problema fue que el granjero subestimó a los hijos del vecino. Cuando llegó al día siguiente, vio que la palabra *una* había sido tachada con pintura roja, y en su lugar aparecía pintada la palabra *dos*. El granjero perdió toda su cosecha porque no pudo ser más listo que los ladrones que buscaban hacerle daño.

NUESTRAS ARMAS CONTRA EL ENEMIGO

Satanás es un ladrón que no quiere otra cosa sino hacernos daño. Si usted piensa que de algún modo será más astuto que él, que podrá ser más hábil o listo que él, le aconsejo que vuelva a pensarlo. Este no es su primer rodeo, y usted no es su primera presa. Satanás ha estado haciendo esto por demasiado tiempo. Por eso, el único modo de poder destapar sus mentiras en su vida y revelar su plan para derribarlo es llevando cautivo todo pensamiento que tenga a la Palabra de Dios. Usted debe estudiar la Palabra de Dios y discernir lo que Dios dice sobre el asunto. Su primera pregunta sobre cada tema debería ser esta: ¿qué dice Dios al respecto?

Permita que le recuerde que Satanás no está de su lado. Ponerse de parte de Satanás y sus alteraciones de la verdad para encajar cómodamente en la cultura contemporánea es lo peor que puede hacer un creyente. Satanás es un león rugiente en busca de su siguiente presa para devorar (ver 1 Pedro 5:8). Leemos sobre sus intenciones en Apocalipsis 12:7-10, donde dice:

> *Después hubo una gran batalla en el cielo: Miguel y sus ánge-les luchaban contra el dragón; y luchaban el dragón y sus ánge-les; pero no prevalecieron, ni se halló ya lugar para ellos en el cielo. Y fue lanzado fuera el gran dragón, la serpiente anti-gua, que se llama diablo y Satanás, el cual engaña al mundo entero; fue arrojado a la tierra, y sus ángeles fueron arrojados con él. Entonces oí una gran voz en el cielo, que decía: Ahora ha venido la salvación, el poder, y el reino de nuestro Dios, y la autoridad de su Cristo; porque ha sido lanzado fuera el*

acusador de nuestros hermanos, el que los acusaba delante de
nuestro Dios día y noche.

Satanás es el acusador. Este es un término legal. El papel de
Satanás en este caso por la humanidad es actuar como el fiscal
que busca que caiga el juicio sobre todo aquel que pueda. Cuando
pecamos, él tiene evidencia contra nosotros porque hemos desobe-
decido a Dios. El propósito de condenarnos es legitimar el juicio
justo contra nosotros por nuestra traición a Dios. Ese es su objetivo. La meta de Satanás es llegar a nosotros para usar nuestro libre
albedrío a fin de que decidamos desobedecer a Dios.

Pero, en el siguiente versículo, el autor de Apocalipsis nos dice
cómo debemos vencerlo: *Y ellos le han vencido por medio de la sangre*
del Cordero y de la palabra del testimonio de ellos, y menospreciar-
on sus vidas hasta la muerte (v. 11). Hemos de vencer a Satanás
mediante la sangre de Jesús y la palabra de nuestro testimonio.
Satanás puede ser vencido en el tribunal; pero eso se debe al abogado que tenemos en Jesucristo. Primera de Juan 2:1-2 lo expresa
de este modo:

> … *y si alguno hubiere pecado, abogado tenemos para con el*
> *Padre, a Jesucristo el justo. Y él es la propiciación por nuestros*
> *pecados; y no solamente por los nuestros, sino también por los*
> *de todo el mundo.*

Jesucristo es nuestro abogado defensor. Además, Él trabaja *pro*
bono (sin precio), porque el precio ya ha sido pagado en la cruz.
Cuando Satanás le lleve ante el tribunal para acusarle, en lugar
de postrarse ante la realidad de lo que usted ha hecho, sepa que
Jesucristo ya ha vencido al pecado. Usted tiene un Abogado que
también es el Hijo del Juez. Apele a Él, a su perdón, y a su llamado
a vivir el resto de su vida como discípulo del reino que modela las
virtudes del reino desde un corazón de pura devoción a Jesucristo.

Cuando usted apela al sacrificio de Jesucristo, que pagó el castigo por su pecado, le está diciendo al acusador que la acusación ya ha quedado cubierta. Podría ser real, pero ya no es relevante. Al confesar mediante la palabra de su testimonio el poder de Jesucristo, usted actúa como una persona en el estrado que testifica del poder de la verdad.

Al mostrar la verdad de la Palabra de Dios delante de los muchos problemas que pueda enfrentar, Satanás tendrá que retirarse. Él no tiene poder alguno ni autoridad sobre Dios; de hecho, Satanás es alérgico a la Escritura porque es alérgico a la verdad. Como la Bruja Mala del Oeste, que fue destruida por el agua en *El mago de Oz*, Satanás se disuelve en presencia de la verdad, y huye cuando usted invoca la sangre de Jesús mediante el poder de su testimonio arraigado en el pilar básico de la verdad en la Palabra de Dios. Ahora que hemos dejado al descubierto su agenda y su estrategia, al igual que nuestra estrategia para derrotarlo, veamos por qué debemos derrotarlo.

¿Ha jugado alguna vez al juego de "verdad o atrevimiento"? Es un juego popular entre adolescentes y adultos jóvenes. En este juego, cada jugador puede escoger si responderá una pregunta con veracidad o aceptará en cambio hacer algo atrevido. Ambas opciones son arriesgadas si la persona tiene algo que ocultar, y por eso muchas personas terminan escogiendo el atrevimiento.

Por desgracia, nuestra cultura tiene mucho que ocultar en estos tiempos. Hay muchos secretos amontonados en los armarios de nuestras almas. La verdad está ausente no solo en el mundo, sino con frecuencia en nuestras propias vidas también. Por lo tanto, un turno tras otro seguimos escogiendo el atrevimiento en este juego de la vida; sin embargo, Dios establece las normas de este juego, y un atrevimiento siempre conlleva una consecuencia. Como un atrevimiento va en contra de las normas de Dios y su modo de actuar, nos encontramos enfrentando consecuencias apiladas una sobre otra. Eso da como resultado el desarrollo de mal carácter, por lo que necesitamos arrepentirnos.

En el siguiente capítulo aprenderemos más sobre esto y sobre por qué a veces es difícil detectar la verdadera razón de las dificultades que enfrentamos en nuestras vidas.

3

LA AUSENCIA DE LA VERDAD

Uno de los **principales problemas** políticos, sociales, raciales y culturales de la época es el problema de la represión del voto. El problema expresado por quienes defienden una mayor accesibilidad para los votantes es que creen que hay influencias que buscan intencionadamente limitar o negar el acceso igualitario a las urnas. Obviamente, el acceso igualitario es una de las marcas de una democracia. Debido a eso, se libra una batalla en varias comunidades y estados en la búsqueda por proporcionar amplia oportunidad para el voto entre todas las personas.

Sin embargo, hay una mayor represión que enfrentamos hoy día, con implicaciones mucho más profundas y consecuencias que perduran mucho más tiempo que la represión de un voto, por importante que sea ese asunto. Es la represión de la verdad en nuestra cultura en general. Cuando una cultura reprime la verdad, o incluso busca cancelarla, dejará resultados negativos permanentes en todo. Eso conduce a un carácter errático, que da como resultado un caos cultural que se extiende.

Ya sea en el nombre de la popularidad, la preferencia, la independencia o la corrección política, estamos enfrentando un periodo en nuestra sociedad en el que la verdad se ha reprimido. Además, estamos pagando el precio de esa represión. Romanos 1:18 lo resume del modo siguiente:

> *Porque la ira de Dios se revela desde el cielo contra toda impiedad e injusticia de los hombres que detienen con injusticia la verdad.*

Reprimir o detener algo significa retenerlo. Reprimir es restringir, limitar, o incluso no permitir que algo sea lo que estaba diseñado para ser o que haga lo que fue diseñado para hacer. Estoy seguro de que usted ha ido a una playa o a una piscina y ha visto un balón hinchable empujado debajo del agua durante un tiempo. Debido al aire que hay en el interior del balón, está diseñado para flotar sobre el agua; pero, cuando se mantiene debajo del agua forzándolo en contra de lo que fue diseñado para hacer, y después se suelta, saldrá rápidamente hasta la superficie causando un poco de caos.

Algo parecido está sucediendo en nuestro mundo en la actualidad, especialmente en América. Lo llamamos *cultura de la cancelación*. Esta cultura es una en la que personas o puntos de vista que no nos gustan o con los que no estamos de acuerdo, o que preferimos no difundir, son reprimidos, obstaculizados, limitados, cancelados. La cultura de la cancelación es una forma de represión. Es limitar la libertad de otra persona para creer y decir algo diferente a lo que la sociedad ha considerado aceptable creer o decir. Cuando se aplica a sujetos cristianos o puntos de vista cristianos, como sucede regularmente, encaja en la clasificación de lo que Pablo llamó en Romanos 1:18 la detención de la verdad.

Ahora bien, en realidad no podemos mantener debajo del agua la verdad en contra de su voluntad por demasiado tiempo, igual que no podemos mantener el balón hinchable debajo del agua indefinidamente a menos que lo atemos. Eso se debe a que la naturaleza de la verdad es ser verdad: flotar por encima de la superficie de nuestros corazones y de nuestras mentes para que podamos reconocerla tal como es. La meta de la verdad nunca es ocultar, ser descartada o ser marginada y, sin embargo, nuestra cultura busca negarla, rechazarla, limitarla y comprometerla a fin de eliminarla de la ecuación.

Pablo explica que esta represión de la verdad existe porque la humanidad quiere ir por su propio camino independiente de Dios. Pablo nos dice que la razón por la cual las personas buscan reprimir la verdad se debe simplemente a la "injusticia". Se debe a la impiedad. La humanidad no quiere el punto de vista de Dios. Las personas no quieren el camino de Dios, y tampoco quieren que Dios tenga voz en sus pensamientos, acciones o incluso en su carácter. Por lo tanto, la verdad ha sido pateada a un lado. Ha sido pateada y expulsada de nuestras escuelas. Está siendo eliminada de nuestro gobierno. Le ha sido arrebatada a las familias. Está siendo apartada de las relaciones. Por desgracia, incluso le están pidiendo que se vaya de la Iglesia en ocasiones.

Estoy seguro de que todos hemos estado ahí en algún momento en el tiempo: en una situación en la que no nos gustaba lo que se estaba diciendo, aunque sabíamos que era verdad. Por lo tanto, lo descartamos, lo ignoramos o lo negamos. Reprimimos la verdad. Quizá fue cuando usted era adolescente, cuando sus padres le instaban a que hiciera lo correcto. Todos conocemos a niños, adolescentes o adultos jóvenes que parecen hacer eso mismo regularmente como respuesta a lo que dicen sus padres u otras autoridades. Reprimen la verdad, porque la verdad no es lo que quieren escuchar.

Pero, tan solo porque no estemos de acuerdo con algo no significa que ya no es verdad. Santiago 4:12 afirma que existe uno solo que es quien decide la verdad en última instancia. Leemos: *Uno solo es el dador de la ley, que puede salvar y perder; pero tú, ¿quién eres para que juzgues a otro?* La verdad tiene una Fuente absoluta, y esa fuente es Dios. Dios es el único que puede conocer absolutamente todo acerca de todo en cada momento en el tiempo.

USTED NO PUEDE MANEJAR LA VERDAD

Una de mis películas favoritas de todos los tiempos es *A Few Good Men* (Algunos hombres buenos). La mayoría de las personas que han visto la película recuerdan la escena épica cuando la película avanza hacia su conclusión. El personaje de Tom Cruise está interrogando en el estrado al de Jack Nicholson. Se miran fijamente el uno al otro con intención a medida que sus pasiones aumentan. Cuando Nicholson pregunta: "¿Quiere usted respuestas?", Cruise responde gritando: "¡Quiero la verdad!".

Es entonces cuando Nicholson lo mira a los ojos y responde: "Usted no puede manejar la verdad".[1]

Parece que es ahí donde actualmente hemos aterrizado en nuestra cultura. Todo el mundo afirma querer la verdad, de alguna forma; pero, cuando la verdad sale a la superficie, la mayoría de las personas no pueden manejarla. Por eso, un llamado a la verdad se convierte en poco más que un llamado al consenso en estos tiempos. Es un llamado a lo que la cultura considerará verdadero, o las influencias que gobiernan considerarán verdadero, hasta que eso cambia de dirección y se produce otro llamado al consenso.

El problema es que la verdad no se crea por consenso y, además, la falta de verdad llega con consecuencias. Y cuando una cultura decide reprimir la verdad, esa cultura enfrentará las consecuencias de sus propias decisiones. En esencia, la culpa es nuestra. La razón por la cual la ira de Dios desciende podemos encontrarla en

---

1. *A Few Good Men* (Algunos hombres buenos), dirigida por Rob Reiner (Columbia Pictures Industries, Inc., y Castle Rock Entertainment, 1992).

Romanos 1:19. Leemos que Dios revela su ira *porque lo que de Dios se conoce les es manifiesto, pues Dios se lo manifestó*. Para expresarlo como lo haría un padre, deberíamos ser más inteligentes. Dios nos ha mostrado la verdad. Reprimirla es negar su realidad.

Todos nacemos con una conciencia. Se nos ha dado un regulador de verdad, un detector de humo del alma. Nuestra conciencia conoce la verdad. De modo similar, nuestra conciencia conoce el humo y los reflejos de una mentira. Por eso, probablemente nos hemos encontrado sabiendo de modo innato cuándo algo, o alguien, es equivocado o sospechoso. Lo sabemos porque hemos sido creados con una conciencia vinculada a la verdad.

La represión de la verdad, con el tiempo, nubla y apaga la conciencia. Igual que un detector de humo que tiene agotadas las baterías, la conciencia nublada está cada vez menos activa o alerta y, antes de darse cuenta, la conciencia de una persona puede estar enterrada tan profundo bajo un montón de mentiras, que la persona ya no puede distinguir entre verdad y ficción, entre lo bueno y lo malo. Una conciencia así ya no funciona, y el resultado es la destrucción del carácter de una persona o de un grupo de personas.

Antes de que eso suceda, sin embargo, todos tenemos igual acceso a una conciencia que nos ayuda a conocer la verdad. Romanos 2:15 explica que se nos ha dado nuestra conciencia para dar testimonio de lo que hacemos y decimos. Dice:

> *Mostrando la obra de la ley escrita en sus corazones, dando testimonio su conciencia, y acusándoles o defendiéndoles sus razonamientos.*

Quizá le gustaría volver a leer este versículo, pues es revelador. Su conciencia debiera hacerle sentir culpable cuando piensa o hace lo que es contrario a la verdad. También debiera hacerle sentir confirmación cuando usted piensa o hace algo que está en consonancia con la verdad.

Si alguna vez ha continuado en una práctica de pecado, conocerá el ciclo que atraviesa su conciencia. Comenzará sintiéndose culpable; pero, a medida que continúa avanzando con cualquier pensamiento o acción de pecado en el que esté participando, está reprimiendo la verdad en su propia vida. Está reteniendo la manifestación de la verdad. Podría comenzar poniendo excusas y descartar cualquier pensamiento que le diga que debería detenerse; sin embargo, finalmente su conciencia llega a acostumbrarse tanto a lo que usted hace, que no necesita ya excusas. De hecho, su conciencia llega a estar tan nublada que ya ni siquiera le alerta de sus malas obras.

Su conciencia comenzó como un regalo de Dios para servir como regulador para su corazón humano, y es un regalo que ha sido dado a todos. Por eso, si una persona no tiene una Biblia o no asiste a la iglesia, incluso si no es cristiana, hay ciertas conductas y pensamientos que no tienen sentido o que no le parecen bien a la conciencia. Hay ciertas cosas que carcomen la brújula interior de la persona porque Dios ha integrado esta verdad en todos nosotros. Y el único modo en que eliminamos su influencia es mediante una represión continuada de la verdad que refleja.

Dios nos dice con claridad que no tenemos excusa para no conocer a la Fuente y el Autor de la verdad. Él nos ha dado muchas indicaciones obvias. Romanos 1:20 dice:

> *Porque las cosas invisibles de él, su eterno poder y deidad, se hacen claramente visibles desde la creación del mundo, siendo entendidas por medio de las cosas hechas, de modo que no tienen excusa.*

Dios ha demostrado su verdad y su presencia en toda la matriz de su creación. Él ha puesto en cada corazón humano el conocimiento de la realidad de su orden creado. El hecho de que Dios sabe lo que está haciendo y de lo que habla es evidente no solo mediante lo que Él ha hecho, sino también por lo que Él sostiene cada momento de cada día. Es necio quien ha dicho en su corazón que no hay Dios (ver Salmos 14:1). Eso significa que, si una persona es atea, esa persona es necia. Una persona tiene que haber perdido la cordura, o como mínimo su conciencia, para suponer que nadie más nada suma algo. Eso es un cuento de hadas para adultos porque simplemente no es posible. Solo cuando la conciencia está nublada, una fe tan ciega puede situarse en algo tan demostrablemente equivocado como que la tierra se formó sin un Dios, o Creador, que la formara.

Pero reconocer que hay un Dios que lo creó todo significa que también deberíamos reconocer que hay un Dios que sabe cómo deberían operar las cosas en el mundo que Él ha creado. Vivimos en una época en la que la realidad ha sido reprimida, de modo que la humanidad cree que puede librarse de Dios a su conveniencia. Porque, si las personas pueden librarse de Dios, pueden librarse de la culpabilidad. Y, si pueden librarse de la culpabilidad, entonces pueden hacer, ser, decir o pensar lo que quieran. El resultado neto es que el caos sustituye al carácter.

Mientras Dios sea parte de la ecuación, entonces hay una norma; hay una norma para lo que es bueno y lo que es malo. Hay una norma para cómo debemos tratarnos los unos a los otros como seres humanos creados a su imagen. Existe una norma para cómo debemos responder a Dios como nuestro Señor y Rey sobre todo. Y, sin embargo, mientras que la creación da testimonio del poder de Dios, de sus atributos y su presencia (ver Salmos 19:1), muchas personas han decidido descartarlo a Él intencionadamente. Por lo tanto, muchos han decidido fingir que Él no está ahí simplemente porque no podemos verlo en esta esfera terrenal.

Pero usted y yo tampoco podemos ver el aire, y sin embargo dependemos de él para nuestra existencia. No podemos ver el viento, pero podemos ver sus efectos. No podemos ver el oxígeno, y sin embargo seguimos respirando. Si declaramos que el aire, el viento y el oxígeno ya no existen porque no podemos verlos, y tenemos el derecho a respirar lo que queramos, entonces no duraríamos mucho más tiempo que el final de esta página o de este capítulo.

> **Reconocer que hay un Dios que lo creó todo significa que también deberíamos reconocer que hay un Dios que sabe cómo deberían operar las cosas en el mundo que Él ha creado.**

No podemos sustituir el oxígeno por ninguna otra cosa que queramos y aun así seguir esperando respirar. Tampoco podemos intentar sustituir a Dios y que salga algo bueno de ello; sin embargo, eso es exactamente lo que nuestra cultura está buscando lograr.

Pablo nos dice cómo una cultura busca sustituir a Dios cuando continúa escribiendo en Romanos 1:21-23.

> *Pues habiendo conocido a Dios, no le glorificaron como a Dios, ni le dieron gracias, sino que se envanecieron en sus razonamientos, y su necio corazón fue entenebrecido. Profesando ser sabios, se hicieron necios, y cambiaron la gloria del Dios incorruptible en semejanza de imagen de hombre corruptible, de aves, de cuadrúpedos y de reptiles.*

Pablo nos recuerda en este pasaje que es inútil pretender sustituir a Dios. La humanidad queda enredada en especulaciones, y vamos a la deriva. Al profesar tener sabiduría, nos hacemos necios. Cuando la verdad es reprimida y Dios es marginado, las cosas se vuelven oscuras; muy oscuras. Una mirada rápida al caos que existe en nuestra cultura hoy día nos mostrará claramente cuán oscuras se han vuelto las cosas.

Eso es exactamente lo que la Escritura dijo que sucedería, de modo que no deberíamos sorprendernos por la oscuridad en nuestra tierra. Proverbios 11:11 nos habla de la destrucción que enfrenta una ciudad cuando prevalecen los impíos: *Mas por la boca de los impíos será trastornada.* Ciudades, culturas y países son engrandecidos por el poder de los justos, no de las mentiras. De modo similar, la maldad da lugar a su destrucción.

Proverbios 14:34 lo expresa con estas palabras: *La justicia enaltece a una nación, pero el pecado deshonra a todos los pueblos* (NVI). Los comentaristas políticos y los invitados a programas de entrevistas debaten, argumentan, culpan y buscan faltas en todos los rincones de nuestra cultura, pero la verdad de la Palabra de Dios deja totalmente claro dónde están las faltas. Se ha permitido que el pecado y la maldad reinen, y Dios no recibe bien a nadie o nada que intente reinar en el lugar legítimo de Él.

La maldad es lo que ha causado desgracia en nuestra tierra y desastre en nuestras vidas. La justicia engrandece a una nación, nos recuerda el escritor de Proverbios, pero la boca de los impíos la derriba. Y, tal como parecen las cosas, tenemos a muchas personas moviendo sus bocas ahora buscando crear su propia religión, sus propios ídolos y sus propias normas. Tenemos los ídolos de la notoriedad, el materialismo, la identidad racial, la cultura, la política, llámelo como quiera; hay un ídolo para cualquier cosa y para todo.

Cuando las personas no quieren dar a Dios el reconocimiento que demanda su nombre, terminan pagando el precio. No podemos tener a un Dios estilo cafetería donde acudimos para escoger las cosas que queremos. No podemos tener a un Dios "como queramos", como si fuera una deidad de Burger King. Dios define quién es Él, y somos nosotros quienes debemos ajustarnos a Él. No es al contrario.

TRES TIPOS DE IRA

Muchas personas no entienden que la ira de Dios llega en distintas formas. Por lo general, cuando se menciona la ira de Dios, las personas imaginan fuego y azufre cayendo del cielo sobre una ciudad como Sodoma o Gomorra. Y, aunque eso puede reflejar la ira de Dios, no es el modo principal en que Dios permite que su ira sea revelada en la actualidad.

Cuando leímos antes que "la ira de Dios se revela", eso se refiere a una ira que está teniendo lugar en el presente. No está hablando sobre la ira de Dios en el infierno, ni la ira de Dios que llega mediante alguna forma de juicio. Cuando la ira de Dios "se revela" significa que está presente en nuestro mundo en este momento. De hecho, si miramos a nuestro alrededor, veremos la ira de Dios mostrándose en las vidas de muchas personas, y especialmente en nuestra cultura en general.

Yo lo denomino la ira *pasiva* de Dios. Ese es un modo de distinguirla de la otra a la que me referí con Sodoma y Gomorra: la ira *activa* de Dios. El Diluvio sería otro ejemplo de la ira activa de Dios. Cuando Dios derramó directamente las aguas sobre la tierra a fin de inundarla y tragar a sus habitantes, llevó a cabo su ira activa. La mayor parte de la ira de Dios mostrada en el Antiguo Testamento refleja esta retribución activa de Dios por las maldades del pecado.

Sin embargo, cuando Jesús murió en la cruz y resucitó, realineó la relación de Dios con el mundo. Debido a la muerte de Cristo, el mundo fue reconciliado con Dios. Tuvo lugar un cambio en la cruz; por lo tanto, cuando Dios expresa su ira sobre la humanidad por nuestros pecados, lo hace de modo diferente. No vemos que los cielos se abren para hacer llover fuego y azufre desde lo alto; más bien, experimentamos la ira pasiva de Dios mostrada de una de tres maneras.

En primer lugar, la ira de Dios tiene lugar cuando Él nos entrega a nuestros propios caminos. Leemos sobre esto en varios de los versículos en Romanos 1:24-28 (énfasis añadido):

*Por lo cual también **Dios los entregó** a la inmundicia, en las concupiscencias de sus corazones.* (v. 24)

*Por esto **Dios los entregó** a pasiones vergonzosas.* (v. 26)

*Y como ellos no aprobaron tener en cuenta a Dios, **Dios los entregó** a una mente reprobada, para hacer cosas que no convienen.* (v. 28)

Podemos ver que se repite la frase "Dios los entregó", indicando una de las maneras en las que Dios revela su ira pasiva en las vidas en el presente. Él simplemente entrega a la humanidad a los deseos impuros y antinaturales de la carne. Él entrega a la persona a una vida sin Él. Nos permite seguir nuestro propio camino, liberándonos de su influencia, sus límites y su control.

En esencia, Dios dice que, si no queremos que Él y su verdad nos guíen, entonces podemos ver cómo es la vida sin Él. Esa es la ira pasiva de Dios. Mi libro de citas y el historial de mi teléfono celular están llenos de personas cuyas almas y espíritus, e incluso sus cuerpos, han quedado marcados muy profundamente por vivir en esta forma de la ira pasiva de Dios. Han escogido seguir su propio camino, solo para descubrir que es un camino de muerte, destrucción, vacío y dolor. Yo pasé una parte importante de mi tiempo de consejería abordando los problemas causados en las personas cuando Dios "los entregó" a sí mismos, de modo que sus deseos vergonzosos los gobernaron.

Cuando nuestros deseos inmorales nos dicen lo que vamos a hacer, y no al contrario, a menudo lo denominamos una *adicción*: cuando nuestros deseos comienzan a darnos órdenes. Ahora bien, una adicción normalmente comienza como un deseo que la persona todavía puede controlar; pero, cuando se establece la ira de Dios porque la persona ha escogido vivir como un represor de la verdad de Dios, el deseo entonces se convierte en quien agarra el látigo y toma todas las decisiones. ¿Por qué? Porque, cuando la verdad es reprimida, reina el deseo y nuestro carácter se ve comprometido.

La segunda manera en la que Dios permite que su ira sea revelada es al permitir que lo antinatural (aquello que va en contra del orden de cosas creado) sea la fuerza impulsora. Como bosquejan los versículos 26 y 27:

> *Por esto Dios los entregó a pasiones vergonzosas; pues aun sus mujeres cambiaron el uso natural por el que es contra naturaleza, y de igual modo también los hombres, dejando el uso natural de la mujer, se encendieron en su lascivia unos con otros, cometiendo hechos vergonzosos hombres con hombres, y recibiendo en sí mismos la retribución debida a su extravío.*

Como vemos en este pasaje, Dios los entregó a pasiones vergonzosas que eran antinaturales. No nacieron con esas pasiones vergonzosas, ni su constitución biológica los empujó hacia esas pasiones vergonzosas. En cambio, fue la ira pasiva de Dios la que los entregó para que desearan lo que es antinatural.

Hay muchos pecados que una persona puede cometer, pero Dios menciona concretamente estos pecados que van en contra del orden natural de las cosas, en contra del modo en que Él nos creó para que vivamos, con respecto a su ira pasiva. Y, aunque siempre deberíamos amar y tener compasión de quienes están batallando con pecados antinaturales, también debemos comprender que esos pecados son un resultado de una represión de la verdad: la represión de la Palabra de Dios en nuestro mundo, en nuestra cultura, y en nuestras propias vidas.

Por eso debemos recordar que, si queremos abordar una situación antinatural de un modo que produzca sanidad a los involucrados, debemos comenzar con la verdad. El problema hoy día es que no queremos comenzar con la verdad de que Dios llama antinaturales a esos pecados vergonzosos; más bien, queremos hacer que las personas se sientan cómodas con una mentira, y por eso damos rodeos. Vigilamos lo que decimos o miramos para otro lado. Consentimos o justificamos; pero ningún grado de no hacer caso a la verdad hará libres a las personas de la atadura de las mentiras. Somos llamados a decir la verdad en amor. No somos llamados a apoyar una mentira en amor. No es amor permitir que alguien continúe por la senda de la destrucción.

Aunque las dos primeras revelaciones de la ira de Dios son difíciles de experimentar o presenciar, la tercera es la peor. La primera conlleva que nos gobiernen deseos engañosos. La segunda incluye entregarnos a pasiones vergonzosas. Pero la tercera es cuando Dios nos entrega a una mente reprobada. Tengamos en cuenta que, cuando perdemos la cordura, hemos perdido quiénes somos realmente. Hemos perdido cualquier habilidad para dirigirnos a nosotros mismos o para perseguir aquello para lo cual fuimos creados verdaderamente. Leemos acerca de este tercer tipo de ira pasiva en los versículos 28 al 32:

> **Ningún grado de no hacer caso a la verdad hará libres a las personas de la atadura de las mentiras. Somos llamados a decir la verdad en amor. No somos llamados a apoyar una mentira en amor.**

Y como ellos no aprobaron tener en cuenta a Dios, Dios los entregó a una mente reprobada, para hacer cosas que no convienen; estando atestados de toda injusticia, fornicación, perversidad, avaricia, maldad; llenos de envidia, homicidios, contiendas, engaños y malignidades; murmuradores, detractores, aborrecedores de Dios, injuriosos, soberbios, altivos, inventores de males, desobedientes a los padres, necios, desleales, sin afecto natural, implacables, sin misericordia; quienes habiendo entendido el juicio de Dios, que los que practican tales cosas son dignos de muerte, no solo las hacen, sino que también se complacen con los que las practican.

Lo esencial de este extenso pasaje es que, cuando una persona llega a este tercer y último nivel de la ira pasiva de Dios, ha perdido la cordura. Cuando la maldad no solo se practica sino que también se aprueba, se respalda y se acepta, y se aplauden las leyes que la fomentan, ha desaparecido la cordura. Por eso sugiero que los Estados Unidos ha perdido la cordura como nación. Nos hemos alejado de la verdad de Dios hasta tal grado, que no solo legalizamos el pecado sino también lo alentamos y buscamos cancelar a cualquiera que hable en contra de ello. Hemos llegado al último peldaño de la ira de Dios revelada.

Uno de los problemas cuando usted lee un capítulo como este o estudia un pasaje de la Biblia como el mencionado, es que podría hacerle avergonzar. Podría hacer que se cuestione si los problemas que usted está enfrentando en su vida en este momento son parte de la ira pasiva de Dios revelada. Podría hacer que se pregunte si es usted un destinatario de la ira pasiva de Dios o es un participante en ella; y, si es usted un participante en esta etapa en la progresión del pecado, puede que se pregunte cómo puede salir de él.

También puede que no esté pensando en usted mismo. Quizá siente que usted conoce la verdad de Dios, la respeta, y está alineado bajo su gobierno todo lo que puede, arrepintiéndose rápidamente y regresando cuando se aleja de ella. Pero podría estar pensando en un ser querido en este momento, y se pregunta si esa persona está atascada en este tipo de ira. Podría preguntarse si esa persona está atrapada, se ha alejado mucho de la verdad, pero usted no sabe cómo puede ayudarle.

Si no está pensando en usted mismo o en un ser querido, sería difícil leer acerca de estas verdades espirituales y no pensar en nuestra propia cultura en general. Nuestra cultura se ha alejado tanto, que lo torcido es la nueva rectitud. ¿Hay algún correctivo para este caos?

El Salmo 81 responde a esa pregunta. Este salmo da esperanza incluso si usted mismo o alguien a quien ama está viviendo actualmente en la ciénaga de la ira pasiva de Dios. Un mal carácter regularmente y vidas caóticas dan testimonio de esta realidad. Hay redención incluso si usted se encuentra en un lugar que se siente como un abandono divino. Primero, repasamos lo que da entrada a la ira de Dios en este pasaje, pero entonces también llegamos a ver lo que podemos hacer para revertirla.

> *Pero mi pueblo no oyó mi voz,*
> *E Israel no me quiso a mí.*
> *Los dejé, por tanto, a la dureza de su corazón;*
> *Caminaron en sus propios consejos.*
> *¡Oh, si me hubiera oído mi pueblo,*
> *Si en mis caminos hubiera andado Israel!*
> *En un momento habría yo derribado a sus enemigos,*
> *Y vuelto mi mano contra sus adversarios.*
> *Los que aborrecen a Jehová se le habrían sometido,*
> *Y el tiempo de ellos sería para siempre.*
> *Les sustentaría Dios con lo mejor del trigo,*
> *Y con miel de la peña les saciaría.*   (vv. 11-16)

Es bastante sencillo y muy claro. Dios deja claro lo que debemos hacer cuando nos encontremos como los destinatarios de su ira. Nos dice que, si regresamos a la verdad y lo escuchamos a Él en lugar de escuchar al mundo, a la cultura, a los políticos, a nuestros amigos, o a cualquier otra persona, y permitimos que Él sea nuestra guía detrás de todo lo que hacemos, experimentaremos un indulto. Hallaremos libertad de la ira. Tendremos indulto y libertad porque lo encontraremos a Él. Entonces Él estará preparado no solo para librarnos, sino también para derrotar a nuestros enemigos. Él nos saciará con las mejores cosas para disfrutar.

Y, cuando Dios nos satisface, lo hace de un modo que perdura. Él da paz, contentamiento, satisfacción, calma, gozo. Si usted carece en su vida de cualquiera de estas cosas, quisiera recordarle cómo obtenerlas. Lo único que debe hacer es regresar al Dios de la verdad.

4

REDESCUBRIR LA VERDAD

Algunos recordarán un programa de televisión que se transmitía hace años atrás titulado *Early Edition* (Primera Edición). El programa seguía la vida de un hombre que, el día anterior, conseguía el periódico del día siguiente. Y, como sabía lo que iba a suceder, podía tomar decisiones para modificar esa trayectoria. Su información privilegiada le permitía evitar accidentes e incendios y así salvar vidas.

Cuando se trata de la verdad, usted y yo hemos recibido información privilegiada. Se nos han dado los detalles y los datos que necesitamos para poder tomar decisiones que producirán los mejores resultados; es decir, más fortaleza de carácter y mucho menos caos. Dios ha dado a su familia, a usted y yo, la exclusiva. Él nos ha dado la verdad.

Como recordatorio, la verdad es una norma absoluta mediante la cual se mide la realidad. La verdad es el punto de vista de Dios sobre cualquier tema. La verdad vive fuera de nosotros; en otras palabras, si es verdad, entonces no importa si estamos o no de acuerdo con ella; no importa si la sentimos o no. Si es verdad, lo es porque Dios lo dice. Es falso que haya "mi verdad" y "tu verdad". En cambio, tenemos "mi creencia" o "mi perspectiva" y "tu creencia" o "tu perspectiva". Pero, cuando se trata de lo que es verdad, eso ya ha sido decidido por Dios mismo.

El mayor reto de nuestras vidas, y de nuestro mundo, es la necesidad de ajustarnos nosotros al punto de vista de Dios sobre todos los temas de discusión. Cuando nos alineamos bajo su verdad, cosechamos los beneficios y las bendiciones del gobierno de Dios. Cuando no estamos alineados, experimentamos las consecuencias de las decisiones poco sabias.

En Juan 17:17 Jesús ora al Padre acerca de la importancia de la verdad, y dice: *Santifícalos en tu verdad; tu palabra es verdad.* Santificar a alguien conlleva transformar a esa persona. La Palabra de Dios es un agente de transformación en nuestras vidas.

En otra ocasión, Jesús explicó la naturaleza esencial de la verdad de Dios del modo siguiente:

> *Él respondió y dijo: Escrito está: No solo de pan vivirá el hombre, sino de toda palabra que sale de la boca de Dios.*
>
> (Mateo 4:4)

No vivimos meramente de la comida física que consumimos, sino también de toda palabra que sale de la boca de Dios. Es Dios y sus palabras lo que sostiene nuestro mundo. Él hace que salga el sol, que se muevan las mareas y que crezcan las cosechas. Sin la consistencia de su verdad, no perduraríamos. De modo similar, sin la sabiduría de su verdad, muchas de las decisiones que tomamos conducen a callejones sin salida.

Vivimos en una época en la que las personas en general, incluso creyentes en Cristo, están siendo engañadas por información errante. La sociedad en general está siendo engañada por mentiras

y verdades parciales. Si esas mentiras son personales o son sistémi-
cas a fin de fomentar ideologías, filosofías o agendas, son también
errantes en sus presuposiciones y direcciones. Son minas terrestres
que causan que vidas queden enterradas bajo los escombros de las
mentiras del enemigo.

Tenemos hambre de la verdad en la cultura actual. Leemos en
Amós 8:11-12 acerca de una época parecida que se produjo como
resultado de la ira de Dios.

> He aquí vienen días, dice Jehová el Señor, en los cuales enviaré
> hambre a la tierra, no hambre de pan, ni sed de agua, sino
> de oír la palabra de Jehová. E irán errantes de mar a mar;
> desde el norte hasta el oriente discurrirán buscando palabra
> de Jehová, y no la hallarán.

Al igual que alguien va errante o tambaleante al carecer de
comida o de agua, nuestra cultura va errante debido a la falta de
verdad. De hecho, vamos errantes o nos tambaleamos en todos los
temas posibles. Nos tambaleamos en nuestras relaciones. Vamos
errantes en nuestras políticas. Nos tambaleamos en nuestros com-
promisos. Nos tambaleamos en nuestro trabajo. Vamos errantes
en aquello en lo que decidimos distraernos para así poder simplemente pasar el tiempo.

Cuando hay una hambruna de la Palabra de Dios, las personas
irán errantes. Las opiniones no tienen los nutrientes que estabili-
zan ni tampoco el poder que sostiene y que sí tiene la verdad. La
Escritura es el ancla, no son meramente palabras acerca de Dios,
sino la voz de Dios en negro sobre blanco.

Leer la Escritura es como tener a Dios a nuestro lado habládon-
donos. Es su voz, su sabiduría y su perspectiva escritas. Sin
embargo, hasta que usted decida que va a tratarla de ese modo,
como el recurso para la verdad absoluta, entonces la Escritura será
simplemente una de las muchas ideas que se cruzan en su camino.

Le echará un vistazo, la leerá, escuchará a alguien explicarla, y mientras tanto no será afectado por ella.

Sigue siendo absolutamente fundamental que nosotros, y nuestra cultura, vivamos de acuerdo con la perspectiva correcta de la Escritura y no caigamos en la trampa cultural de tratarla como si fuera la reina de Inglaterra. La reina Isabel es muy respetada. De hecho, cuando no está residiendo en uno de los palacios reales, se iza una bandera diferente hasta que ella regresa. Cuando su comitiva va viajando con ella por la calle, todos los demás se apartan hasta que ellos pasan. La reina recibe muchos elogios. Pero, para que lo sepa, aunque ella recibe una cantidad tremenda de respeto, no tiene poder gubernamental real. Ella no puede tomar ninguna decisión formal de gobierno. No puede aprobar ninguna ley. Ni siquiera interviene abiertamente en asuntos políticos. Existe como representante.

Hay demasiadas personas que tratan la Biblia como si fuera la reina de Inglaterra. Le dan algunos elogios; hablan sobre ella en redes sociales y dejan saber a otros que la aprecian, pero no le conceden ningún poder porque no tiene la última palabra, ni tampoco afecta sus decisiones, emociones o su dirección.

Hasta que nosotros, y nuestra cultura en general, desarrollemos el entendimiento correcto y radical de la autoridad de la Escritura en nuestras vidas, nos servirá de poco. La Escritura es la revelación de Dios. La Escritura es la revelación divina. Es similar a sentarnos en un teatro y que alguien abra el telón para que podamos ver lo que hay detrás. Es la exclusiva completa. Es la historia completa. Es Dios que nos da el contenido que Él quiere que tengamos para así poder guiarnos y mostrarnos el mejor camino a seguir. De todo esto se habla en Isaías 55, donde leemos:

Porque mis pensamientos no son vuestros pensamientos, ni vuestros caminos mis caminos, dijo Jehová. Como son más

altos los cielos que la tierra, así son mis caminos más altos
que vuestros caminos, y mis pensamientos más que vuestros
pensamientos. Porque como desciende de los cielos la lluvia
y la nieve, y no vuelve allá, sino que riega la tierra, y la hace
germinar y producir, y da semilla al que siembra, y pan al que
come, así será mi palabra que sale de mi boca; no volverá a
mí vacía, sino que hará lo que yo quiero, y será prosperada en
aquello para que la envié. (vv. 8-11)

Dios nos dice en este pasaje que la razón por la que necesitamos prestar atención a Él y a su Palabra es porque Él no piensa como nosotros. Sus pensamientos no son nuestros pensamientos. Él no actúa como nosotros. Sus caminos no son nuestros caminos. De hecho, ni siquiera están cercanos. Tan altos como los cielos están sobre la tierra, así de diferentes somos nosotros de Dios. Nosotros somos finitos, y pensamos las cosas desde una perspectiva limitada. Dios es infinito, y lo conoce todo.

Siempre que nosotros intentemos averiguar algo independientemente de Dios, hemos comenzado a recorrer la senda de la confusión. Dios opera y actúa en otro nivel totalmente distinto.

> Hasta que nosotros, y nuestra cultura en general,
> desarrollemos el entendimiento correcto y radical
> de la autoridad de la Escritura en nuestras vidas,
> nos servirá de poco.

Las palabras que salen de la boca de Dios no son conversación vacía. Él habla con propósito, y nos da la revelación divina. Es como si estuviéramos atascados dentro de un laberinto o en un cuarto de escape y llamáramos a uno de los empleados para pedir ayuda: nos daría una pista. Nos daría información que no habríamos podido saber por nosotros mismos. La razón por la que pueden darla es porque ellos conocen la salida; conocen el camino que debemos tomar para llegar a nuestro destino.

Dios ha revelado en la Escritura todo lo que necesitamos saber para llegar a nuestro destino divino. Él ha revelado la verdad. En teología, nos referimos a la Palabra de Dios como su *revelación*. La revelación es el contenido, mientras que la *inspiración* es el registro del contenido, y la *iluminación* es cuando el Espíritu Santo toma el contenido y lo aplica directamente a nosotros.

POR QUÉ PODEMOS CONFIAR EN LA PALABRA DE DIOS

El apóstol Pedro describe cómo llegamos a tener la Palabra de Dios en 2 Pedro 1:

> *Tenemos también la palabra profética más segura, a la cual hacéis bien en estar atentos como a una antorcha que alumbra en lugar oscuro, hasta que el día esclarezca y el lucero de la mañana salga en vuestros corazones; entendiendo primero esto, que ninguna profecía de la Escritura es de interpretación privada, porque nunca la profecía fue traída por voluntad humana, sino que los santos hombres de Dios hablaron siendo inspirados [impulsados o movidos] por el Espíritu Santo.*
>
> (vv. 19-21)

La revelación (lo que Dios quería decir) llegó mediante inspiración: el Espíritu Santo moviéndose en las mentes de los autores de la Escritura del Antiguo y el Nuevo Testamento para escribir lo que Dios quería que se escribiera. El Espíritu Santo supervisó lo que se estaba escribiendo y aquello que formaría lo que denominamos el *canon* de la Escritura.

Por lo tanto, lo que tenemos en la Biblia es lo que Dios quería que estuviera en la Biblia. Él nos dice que nada en su Palabra fue traído por mera voluntad humana. Llegó porque Dios supervisó lo que estaba en la mente, lo cual fluyó entonces hasta la mano y quedó escrito. Todo fue supervisado por Él.

La palabra griega utilizada para nuestra traducción de la palabra *inspirados* en este pasaje tiene asociada la imagen de una vela en un barco de vela, que es soplada por el viento. Es el viento lo que determina la dirección del barco de vela. También es una imagen de una hoja que es soplada por el viento. Es el viento el que determina dónde se dirige la hoja. El Espíritu Santo sopló su aliento en cada escritor de la Biblia a fin de guiar y dirigir lo que se escribía. El resultado es que hombres utilizaron sus propias personalidades y perspectivas unidas a las del Espíritu Santo, y eso condujo a crear la Escritura.

Y, mientras que hombres desempeñaron su papel a la hora de compilar la Escritura, la imperfección de la humanidad no la manchó. Del mismo modo que Dios protegió a Jesús (la Palabra viva) de la naturaleza de pecado de su madre, también protegió la Palabra escrita de las naturalezas de pecado de sus autores. Es así como podemos tener un Salvador perfecto y una Escritura perfecta, porque el Espíritu Santo perfecto evitó que nada errante o pecaminoso entrara en la ecuación.

Y, si miramos la Escritura desde un punto de vista histórico, también soportará la prueba del escrutinio. La Escritura no es solamente un mensaje de Dios con autoridad divina; es también un libro de historia. El único modo en que podemos conocer cualquier cosa en la historia de la que no fuimos testigos por no estar allí nosotros mismos es mediante los registros históricos. Conocemos acerca de George Washington aunque nunca hablamos con él, nunca lo conocimos ni le oímos hablar, porque tenemos un registro histórico que lo da a conocer. Tenemos documentos que declaran quién era él.

¿Ha escuchado alguna vez a alguien afirmar que George Washington o Abraham Lincoln no existieron simplemente porque nunca los han visto? Existe un consenso en cuanto a su existencia debido a los testimonios y los registros históricos de sus vidas. De modo similar, cuando examinamos el registro histórico de la Escritura, pasa también la prueba de la exactitud. Son sesenta y seis libros escritos durante un periodo de más de 1500 años, por más de cuarenta autores, y la exactitud histórica dentro de ese periodo de tiempo se confirma por sí sola. Por ejemplo, en Miqueas 5:2 hay un registro escrito de que el Salvador nacería en la pequeña aldea de Belén. Siglos después, es ahí donde nació Jesús.

De hecho, cuando las personas debatían sobre si la tierra era plana, Isaías ya había escrito que la tierra era redonda. Cuando las personas descubrieron petróleo en el Oriente Medio, el registro de la Escritura ya había afirmado que, cuando Noé construyó el arca, la construyó con brea (alquitrán) por dentro y por fuera. Donde haya brea, tenemos petróleo. El registro habla por sí solo. Sea que tenga que ver con ciencia, geografía, antropología o profecía, se ha demostrado que la Biblia es exacta en todos esos temas. Las pocas ocasiones a lo largo de los años en las que alguien creyó haber encontrado una discrepancia o inexactitud en la Escritura, años después se descubrió que *ellos* estaban equivocados, y no la Escritura. Una y otra vez, la Biblia ha sido autenticada como un documento histórico, un registro exacto y preciso de tiempo, personas y acontecimientos. Es un documento que se autentica por sí solo, y es más que suficiente para moldear o reconstruir nuestro carácter y revertir el caos que haya en nuestra vida.

Jesús declaró que, hasta que desaparecieran el cielo y la tierra, no desaparecerá el más pequeño detalle en la Palabra de Dios. Leemos las palabras de Jesús en Mateo 5:18: *Porque de cierto os digo que hasta que pasen el cielo y la tierra, ni una jota ni una tilde pasará de la ley, hasta que todo se haya cumplido.* Con "ni una jota ni una tilde" a lo que se refiere Jesús es a las marcas más pequeñas en el alfabeto hebreo. Él nos dice que la Escritura es tan completa y verdadera que se cumplirán hasta las marcas más mínimas: hasta el más pequeño detalle.

De hecho, Dios nos advierte en Apocalipsis 22:18-19 que cualquiera que añada algo a la Escritura causará plagas sobre sí mismo, y si alguno quita algo de la Escritura, Dios quitará su parte del árbol de la vida. Es Dios quien protege y preserva su Palabra. Una y otra vez leemos las siguientes afirmaciones:

Yo testifico a todo aquel que oye las palabras de la profecía de este libro: Si alguno añadiere a estas cosas, Dios traerá sobre él las plagas que están escritas en este libro.

(Apocalipsis 22:18)

El cielo y la tierra pasarán, pero mis palabras no pasarán.

(Mateo 24:35)

Toda palabra de Dios es limpia; Él es escudo a los que en él esperan. No añadas a sus palabras, para que no te reprenda, y seas hallado mentiroso. (Proverbios 30:5-6)

Las palabras de Jehová son palabras limpias, como plata refinada en horno de tierra, purificada siete veces.

(Salmos 12:6)

La Palabra de Dios es la verdad pura y limpia; sin embargo, vivimos en un mundo de posverdad. Vivimos en un mundo que prefiere el engaño facilitado por la maldad. De hecho, muchos cristianos prefieren el engaño facilitado por la maldad porque les hace sentirse bien.

Pero, hasta que descubramos nuestra necesidad de acudir a la verdad de la Palabra de Dios en lugar de acudir a las mentiras del mundo, nunca resolveremos los problemas culturales, raciales, relacionales, políticos, o la infinidad de otros problemas que inundan nuestra nación en la actualidad. Hasta que descubramos lo que significa permanecer verdaderamente en la verdad de la Palabra de Dios y alinearnos bajo su sombra, seguiremos experimentando el caos y la confusión que nos engullen.

Jesús nos dijo claramente en Juan 8:31 que, quienes permanecen en la verdad de sus palabras, son verdaderamente sus discípulos. Si le damos la vuelta a esa afirmación, es obvio que, cuando no permanecemos en la Palabra de Cristo ni nos alineamos bajo la verdad, no somos un discípulo del reino. Permanecer significa "mantenerse, quedarse, o ser fiel". Por ejemplo, usted permanece en su hogar; vive allí. Para permanecer en la verdad de Cristo, necesita vivir con la perspectiva de Él, necesita vivir según su cosmovisión, con un deseo de saber qué siente, piensa y dice Jesús acerca de cualquier tema con el que usted esté lidiando.

> **No puede ser su discípulo e ignorar su Palabra.**
> **No puede ser su discípulo y rechazar su Palabra.**
> **No puede decir que usted es un discípulo del reino y no tener en la más alta estima la Palabra de Dios inerrante.**

Lo que falta en nuestra cultura hoy día son cristianos parados sobre la Palabra de Dios, con la actitud y el espíritu correctos de bondad y humildad; pero también con una claridad cristalina en cuanto a lo que dice, porque su Palabra es sin tacha. Su Palabra no comete errores acerca de nada de lo que habla, y habla de todo lo que necesitamos conocer. Sin embargo, en nuestro entorno poscristiano, respeto por la Palabra de Dios quizá es lo máximo que obtenemos. No hay rendición a ella, ni tampoco alinearse bajo lo que dice, ni ser gobernado por ella. Y por eso estamos viviendo en un caos.

Los Estados Unidos tiene una Constitución, y el papel de la Corte Suprema es defender la Constitución mediante la aplicación de la ley que sea consistente con la Constitución. La Constitución es el documento superintendente al que deben conformarse la legislación y la acción ejecutiva. Por lo tanto, aunque un grupo podría estar en desacuerdo con lo que dice o desea otro grupo, y su desacuerdo puede conducir a protestas, peleas y quejas, ninguno de los grupos tiene la última palabra. La Corte Suprema es la última vía de apelación y la autoridad final, basada en su interpretación de la Constitución.

Jesús nos dice en Juan 10:35 que la Escritura es nuestra última palabra. Dice: *Si llamó dioses a aquellos a quienes vino la palabra de Dios (y la Escritura no puede ser quebrantada).*

Cuando dice "y la Escritura no puede ser quebrantada", significa que no puede ser cancelada. No podemos aplicar la cultura de la cancelación a la Palabra de Dios. El verbo *quebrantar* significa en este caso "anular, cancelar, o dejar inoperativo". Claro que las personas pueden intentar cancelar la Escritura, pero no será cancelada. Nosotros seremos cancelados antes.

De hecho, el mundo y nuestra cultura intentan cancelar la Palabra de Dios todo el tiempo, solo para descubrir que las repercusiones les golpean con dureza. Usted lo ha visto tanto como yo. La cultura intenta desesperadamente cancelar los géneros; cancelar la moralidad; cancelar familias; y cancelar la esperanza. Sea cual sea el objeto particular, busca cancelar la verdad porque las personas son manipuladas con mucha más facilidad hacia las agendas malvadas del enemigo cuando están confusas, inseguras y distantes de Dios.

Pero Jesús afirmó claramente que la Escritura no puede ser quebrantada. La verdad no puede ser cancelada. La Biblia no puede ser alterada, anulada o torcida para hacerla encajar en unos planes que están fuera de los propósitos del reino de Dios para lo que fue establecida originalmente. Hay ocasiones en las que puede parecer que la verdad está perdiendo la batalla, pero siempre regresa para demostrar su autoridad suprema.

Tengamos en mente que las personas no rechazan la Biblia porque se contradice; rechazan la Biblia porque les contradice a ellos. No quieren que les contradigan ni les corrijan, y por eso los hombres detienen la verdad (ver Romanos 1:18). La humanidad detiene o reprime la verdad, porque las personas no quieren que la verdad les diga lo que tienen que hacer. No quieren que la verdad influencie o controle su toma de decisiones. El pasaje en 2 Timoteo 3 lo resume del modo siguiente:

> *Mas los malos hombres y los engañadores irán de mal en peor, engañando y siendo engañados. Pero persiste tú en lo que has aprendido y te persuadiste, sabiendo de quién has aprendido; y que desde la niñez has sabido las Sagradas Escrituras, las cuales te pueden hacer sabio para la salvación por la fe que es en Cristo Jesús. Toda la Escritura es inspirada por Dios, y útil para enseñar, para redargüir, para corregir, para instruir en justicia, a fin de que el hombre de Dios sea perfecto, entera-mente preparado para toda buena obra.* (vv. 13-17)

La Escritura existe para enseñarnos, para redargüirnos, para corregirnos y para instruirnos. Hemos de ser diferentes debido a nuestra interacción con la verdad de la Palabra de Dios; sin embargo, como las personas a menudo quieren tomar sus propias decisiones e ir por su propio camino, dejan a un lado la Palabra de Dios o la colocan sobre la repisa de la chimenea como si fuera otro objeto de decoración en su hogar. Pero no es eso lo que Dios quería que fuera su Palabra. Desde el primer versículo en Génesis hasta el último versículo en Apocalipsis, la Escritura es inspirada, soplada por Dios (*theopneustos*) con la intención de guiar, corregir y enseñar. Cuando le permitimos que realice su tarea, la Escritura transforma nuestro carácter.

Cuando usted y yo aprendemos que debemos tratar la Palabra de Dios tal como fue creada para que la tratemos, no solo como algo para hacernos sentir bien cuando escogemos un pasaje para leer, es entonces cuando será beneficiosa en nuestras vidas y en nuestra tierra.

Un avión necesita una torre de control para dirigir al piloto hasta el destino final y también para mantener a salvo al piloto y a los pasajeros a lo largo del camino. De modo similar, una vida en la tierra necesita una torre de control. Hay muchas veces en las que este mundo se vuelve nublado, tormentoso y peligroso. Hay muchas ocasiones en las que no podemos ver el lugar donde nos dirigimos o las sendas peligrosas que nos rodean. Pero, si acudimos a la Palabra de Dios en busca de enseñanza, corrección y dirección, sabremos cómo sortear los retos y el caos de este mundo. La Biblia es nuestra torre de control; es nuestra fuente de toda verdad.

Un día, un hombre fue a visitar a un médico porque no se sentía bien. El médico hizo un examen y después le recetó unas medicinas. El médico incluso hizo que la enfermera diera la receta a la farmacia local, donde el hombre fue y la recogió. Una semana después, el hombre llamó al médico para quejarse de que seguía enfermo. El médico le preguntó qué cantidad de la medicina había tomado.

"No he tomado nada", respondió el hombre. "Ni siquiera la he abierto".

"Bien, ese es su problema", le dijo el médico. "Tómela; y no vuelva a llamarme hasta que la tome".

Muchos de nosotros agarramos la Biblia y la llevamos bajo el brazo; o la dejamos en la mesita o al lado de nuestra cama, pero no la abrimos para ver lo que hay en el interior. No la abriremos para leerla, discernir, aprender y ser influenciados por su verdad. Cuando no tratamos la Escritura como la voz de Dios absoluta, inerrante y autoritaria, somos nosotros quienes pagaremos el precio. Pagaremos el precio en nuestra vida, nuestras relaciones, nuestro trabajo, nuestras finanzas, nuestra paz mental y en muchas otras áreas. Las cosas que nos asolan solamente aumentarán cuando descuidamos aprender y aplicar la verdad de Dios a las situaciones y los retos que enfrentamos.

El otro día iba yo en mi auto, y el espejo lateral no funcionaba. No podía lograr abrirlo y dejarlo en la posición que debía estar; por lo tanto, decidí arreglarlo. Moví ese espejo, lo empujé, tiré de él, y busqué maniobrar con ese espejo cerca de unos veinte minutos. Sabía que no podía conducir sin un espejo que me mostrara los autos que había a mi lado y detrás, de modo que seguí con la tarea buscando una solución.

Al final, me di cuenta de que había un manual del usuario en la guantera de mi auto. Ahora bien, hablando sinceramente, nunca había abierto ese libro aunque era mío. No lo había leído, aunque estuvo cerca de mí cada vez que manejaba. Estaba tan satisfecho con lo básico del funcionamiento, que nunca exploré el manual.

Hasta que me quedé atascado. Hasta que no pude ir a ninguna parte y necesité ese libro. Por lo tanto, esa vez lo agarré y lo abrí. No me tomó demasiado tiempo averiguar cómo arreglar el espejo cuando decidí utilizar el manual que estaba diseñado exactamente para ese propósito: ayudarme a manejar mi auto.

Hasta que hubo algo que no me estaba funcionando y no pude solucionarlo, no recordé que el fabricante de mi auto me había provisto de un manual del usuario. En retrospectiva, desperdicié tiempo y experimenté mucha frustración porque pospuse acudir al lugar que tenía la respuesta a mi problema.

De modo similar, muchos creyentes hoy día están desperdiciando tiempo y experimentando mucha frustración porque se niegan a acudir al único lugar que tiene las respuestas a cualquier problema que enfrentemos. Si nosotros, como el cuerpo de Cristo, simplemente acudiéramos a la Palabra de Dios como nuestra fuente de verdad y después hiciéramos lo que nos dice, podríamos resolver los problemas que crean el caos a nuestro alrededor y en nuestro interior.

Usted y yo debemos ser personas de la verdad. A fin de ser personas de la verdad, debemos ser personas de la Palabra. Debemos ser personas de la Escritura. Debemos hacer de la Palabra de Dios nuestra guía para nuestros pensamientos, palabras y acciones. Cuando hagamos eso, descubriremos el potente impacto transformador que su Palabra tendrá en nuestras vidas, nuestro entorno y nuestra nación.

5

REGRESAR A LA VERDAD

Un hombre de noventa y cinco años estaba hablando con su médico un día, y le dijo: "Doctor, quiero que sepa que mi esposa está embarazada". Se había casado con una mujer mucho más joven que él, y se sentía bastante importante ahora que ella estaba embarazada.

El médico hizo una pequeña pausa cuando oyó la noticia, y entonces sonrió.

"Hubo una vez un hombre que era distraído", le dijo el médico. "Fue a un safari y se encontró con un león, pero en lugar de sacar su arma para disparar al león, sacó su palo de golf, disparó al león con el palo, ¡y lo mató!".

El paciente miró al médico.

"Doctor, ¡eso es imposible!", le dijo. "¡Otra persona debió de hacerlo!".

"Exacto", le respondió el médico con otra sonrisa.

Es fácil pensar que somos más de lo que realmente somos. Como hizo ese anciano, nos resulta fácil tener la perspectiva equivocada de nuestras habilidades. Cuando se trata de la comprensión humana, no somos "todo eso y mucho más". Existimos como criaturas finitas.

La mayoría de nosotros hemos vivido el tiempo suficiente para aprender que las cosas que antes creíamos que eran verdad, y a las que reaccionábamos como si fueran verdad, en ocasiones resultan ser un engaño. Todos sabemos lo que es haber abandonado la verdad, creer una mentira, y pagar las consecuencias. De hecho, estamos observando que nuestro mundo hace eso delante de nuestros propios ojos.

Para que la verdad actúe en nosotros y en nuestras vidas, debe ser recibida; debe ser creída. Debemos permitir que la humildad entre en nuestro corazón de tal modo, que entendamos que Dios es el autor de la verdad, y nosotros no lo somos. Por eso 1 Tesalonicenses 2:13 nos dice:

> *Por lo cual también nosotros sin cesar damos gracias a Dios, de que cuando recibisteis la palabra de Dios que oísteis de nosotros, la recibisteis no como palabra de hombres, sino según es en verdad, la palabra de Dios, la cual actúa en vosotros los creyentes.*

Para que la Palabra de verdad actúe para edificar virtudes del reino en nuestras vidas, para que haga lo que fue diseñada para hacer y para lo que fue revelada, debe ser recibida. Debemos aceptarla; sin embargo, cuando no lo hacemos, eso no cambia que la verdad sea la verdad. Solamente cambia el poder que tiene la verdad para actuar por nosotros.

Cuando hablamos acerca de recibirla, tengamos en mente que es la verdad de Dios lo que necesitamos recibir. Eso no significa necesariamente lo que dijo un predicador o incluso un erudito bíblico, o lo que fue impreso en una revista cristiana. Muchas personas difunden la Palabra por una motivación errónea, o simplemente ellos mismos están equivocados, aunque sus motivos puede que sean puros. Pablo nos advirtió de ello en 2 Timoteo 4:1-5, que dice:

> Te encarezco delante de Dios y del Señor Jesucristo, que juzgará a los vivos y a los muertos en su manifestación y en su reino, que prediques la palabra; que instes a tiempo y fuera de tiempo; redarguye, reprende, exhorta con toda paciencia y doctrina. Porque vendrá tiempo cuando no sufrirán la sana doctrina, sino que teniendo comezón de oír, se amontonarán maestros conforme a sus propias concupiscencias, y apartarán de la verdad el oído y se volverán a las fábulas. Pero tú sé sobrio en todo, soporta las aflicciones, haz obra de evangelista, cumple tu ministerio.

Pablo instó a Timoteo a permanecer en la verdad. Igual que ahora en nuestra época, había entonces personas que buscaban decir lo que los "oídos con comezón" querían escuchar. Fábulas populares que suenan bien, que llenan púlpitos por toda nuestra nación, porque hay muchas personas que han abandonado la verdad. Hay demasiadas personas que quieren ser apaciguadas, que quieren que les hagan sentir bien. Quieren un sermón tipo dónut: que satisface las papilas gustativas, pero no tiene valor nutricional.

Hay demasiadas personas que quieren un cristianismo de dónut: una religión que les haga sentir bien, pero que está vacía de verdad. Tristemente, no les importa la ausencia de la verdad, porque les gusta cómo suena y cómo les hace sentir.

Una manera de poder distinguir cuando un predicador ha fallado bíblicamente es si todos sus sermones meramente hacen que las personas se sientan bien. Pablo le dijo a Timoteo que usara la verdad para reprender, exhortar, e incluso corregir el pensamiento y la conducta erráticos. Pablo no alentó a Timoteo a predicar sobre política, teorías o prosperidad; le dijo que predicara la Palabra a tiempo y fuera de tiempo. Debía predicarla cuando fuera fácil y también cuando no lo fuera.

De modo similar, los predicadores en la actualidad deben predicar la Palabra cuando su audiencia asienta mostrando su acuerdo y también cuando no sea así. Cuando aplaudan y también cuando abucheen. Cuando afirme, y también cuando ofenda. Porque, nos guste o no, la verdad ofenderá a alguien en algún lugar en algún momento; pero es una ofensa necesaria si muestra el camino por donde debe ir esa persona, para que haga ajustes o se sitúe bajo la autoridad de Dios, y para que edifique en ella virtudes del reino.

Como pastor, sé que eso no siempre es fácil. Conozco la presión que existe para agradar a los demás, o para abandonar cuando la carga de predicar la verdad es demasiada. Pero, aun así, debemos predicar la Palabra.

En la iglesia que pastoreo tenemos un mural de vidriera en la pared detrás del púlpito. Recorriendo la parte baja del hermoso mural está escrito: *Predica la Palabra*. Esas palabras están ahí porque mi esposa, Lois, pidió que se añadieran hace muchos años atrás, poco antes de que se creara el mural. No me sorprendió su petición porque reflejaba lo que había en su corazón y su amor por la Palabra de Dios.

Muchos de los lectores de este libro saben que perdí a mi esposa a causa del cáncer el 30 de diciembre de 2019. Lo que puede que no sepan es que yo tenía programado predicar al día siguiente en nuestro servicio de víspera de Año Nuevo. Y, mientras estaba sentado en mi hogar decidiendo si podía o quería predicar, evaluando si incluso tenía fuerzas para hacerlo, porque nadie me habría culpado por quedarme en casa en ese momento, la recordé a ella diciendo: "Predica la Palabra". Recordé que Lois nos instó a todos nosotros, cuando le diagnosticaron cáncer por segunda vez, que ninguno en la familia tenía que retroceder en el ministerio. Ella nos instó a seguir adelante y llevar a cabo lo que Dios nos había llamado a hacer.

No era cómodo para mí ir allí y predicar aquella noche, tan solo un día después de que mi esposa por casi cincuenta años hubiera pasado a la gloria. De hecho, fue el momento más incómodo de mi vida. Habría preferido quedarme en casa con las cortinas cerradas; pero Dios me había llamado a "predicar la Palabra". Y eso significaba hacerlo cuando fuera cómodo y cuando no lo fuera; por lo tanto, eso fue lo que hice, porque la Iglesia ha de ser ese lugar en la tierra donde quienes están comprometidos con la verdad, practican esa verdad. Puede que algunas veces la practiquemos de modo imperfecto, pero la Iglesia debe ser el lugar donde al menos lo intentemos.

LA IGLESIA Y LA VERDAD

Las comunidades están llenas de supermercados, que son almacenes de alimentos. Nos aprovechamos de los supermercados porque lo que ofrecen es esencial para nuestro bienestar físico. Los supermercados no son un complemento de la capacidad de la comunidad para desarrollarse. Permiten que los individuos consigan lo que necesitan para estar satisfechos en lo que a nutrición se refiere.

Ahora bien, lo que sería insatisfactorio en una comunidad es tener un supermercado que vendiera alimentos deteriorados y podridos. A pesar de que ese almacén anunciara alimentos frescos y se identificara como una tienda de alimentos frescos, cualquiera que comprara allí encontraría solamente alimentos deteriorados y podridos. En esa situación, el supermercado con el nombre de un fabricante de alimentos frescos, pero que no tuviera los productos para respaldar ese nombre, sería un impostor.

Como vimos en el ejemplo anterior, un almacén es un recipiente, cierto tipo de depósito. Un almacén de medicinas se denomina farmacia. Si acudimos a los registros de edificios en el centro de la ciudad, que es un almacén de información sobre personas, ubicaciones e historia, encontraremos una riqueza de conocimiento y perspectiva que no están disponibles fuera de ese almacén.

Dios también tiene un almacén. Él tiene un depósito, una ubicación comunitaria para nuestro bienestar espiritual, la transformación de nuestra vida, y el desarrollo de los valores del reino. Es un lugar donde se supone que debemos acudir para obtener alimento espiritual; un lugar para comer bien espiritual y relacionalmente. Dios ha dispersado por cada comunidad casi en todos los lugares un depósito, un almacén, para la nutrición espiritual que está a disposición de quienes viven en sus alrededores.

El almacén de Dios, la Iglesia, ha de actuar como un dispensador de la verdad. Debe ser un lugar donde las personas que buscan conocer la verdad puedan recibir guía y dirección sobre cómo ubicar y discernir la verdad en la Palabra de Dios.

La Iglesia es la ubicación que Dios ha designado y que no encuentra su primera obligación en la cultura, ni en la identidad racial, cultural o de género de un grupo en particular. El compromiso de una iglesia no es, en primer lugar, con cómo fueron criadas las personas o dónde viven. La Iglesia existe como un almacén para proporcionar sustento espiritual nutritivo, contrariamente al alimento deteriorado o podrido, porque está comprometida con una meta global, que es la declaración de la verdad. Esencialmente, la Iglesia es el supermercado espiritual de Dios, donde las personas deben acudir para tener acceso a la verdad.

Pablo comparte esta mentalidad cuando escribe a su hijo espiritual en el ministerio: Timoteo.

> *Aunque espero ir pronto a verte, escribo estas instrucciones para que, si me retraso, sepas cómo hay que portarse en la casa de Dios, que es la iglesia del Dios viviente, columna y fundamento de la verdad.* (1 Timoteo 3:14-15, NVI)

Timoteo vivía en una ciudad muy secular cuando se escribieron esas palabras. Era una parte muy ajetreada de Asia Menor llamada Éfeso. Él había ayudado a establecer la iglesia allí, a lo que podemos referirnos para nuestros propósitos como Iglesia Bíblica de Éfeso. Timoteo servía como pastor principal, mientras que Pablo servía como su mentor espiritual.

Pablo buscaba discipular a Timoteo mediante este proceso. Uno de los principales componentes de su formación de discipulado era recordar a Timoteo que la casa de Dios existe para servir como columna y fundamento de la verdad. Pablo lo instó a tener eso en primer lugar en su mente y en sus motivaciones, de modo que, cuando llegaran personas a su iglesia, recibieran la verdad de tal modo que pudiera comunicarse la conducta cristiana adecuada, y se corrigieran conductas tal como fuera necesario.

Para dar un poco de contexto sobre la ciudad donde servía Timoteo, estaba llena de idolatría, materialismo, brujería, decadencia social y enseñanza errática. Era el paraíso de ideas erróneas de cualquier *influencer*. Por lo tanto, cuando Pablo le recordó a Timoteo que hiciera de la Iglesia columna y fundamento de la verdad, le estaba instando a ir en contra de la cultura. Le recordó que se aferrara a la verdad a pesar de las ideologías, las teorías y las perspectivas que empapaban las mentes de sus ciudadanos.

A pesar de todo lo que se enseñaba en la educación, en las empresas, o mediante regímenes del gobierno, Timoteo tenía que mantener a la Iglesia conectada sólidamente a la verdad de Dios para el desarrollo de las virtudes del reino. Ahora bien, eso no es siempre fácil de hacer, en especial cuando la cultura tiene mucho poder en cuanto a afirmar "su verdad" como "la verdad" y catalogar a todos los demás como "intolerantes".

Pero Pablo le recordó a Timoteo por qué era tan importante seguir enseñando la verdad a pesar de las dificultades. Hizo referencia una y otra vez al caos y la confusión cultural cuando le escribió con respecto a cuál era su papel. Leamos algunos ejemplos en su carta:

> *Como te rogué que te quedases en Éfeso, cuando fui a Macedonia, para que mandases a algunos que no enseñen diferente doctrina.* (1 Timoteo 1:3)

> *Pero el Espíritu dice claramente que en los postreros tiempos algunos apostatarán de la fe, escuchando a espíritus engañadores y a doctrinas de demonios.* (1 Timoteo 4:1)

> *Tales enseñanzas provienen de embusteros hipócritas, que tienen la conciencia encallecida.* (1 Timoteo 4:2, NVI)

Fue ese clima cultural el que impulsó a Pablo a escribir que todos los líderes eclesiales deben guardar *el misterio de la fe con limpia conciencia* (1 Timoteo 3:9). En realidad no suena muy distinto a nuestro mundo actual.

Vivimos en una sociedad engañada junto a prójimos que consumen medios engañados que producen un entorno decrépito. La Iglesia ha de ser el faro de la verdad donde las personas puedan acudir, para que les recuerden lo que es real y lo que es engaño. La Iglesia no debe ser un club social, una fraternidad ni una hermandad. Se denomina una "familia" y una "casa".

En 1 Timoteo 5:1-2 Pablo se refiere a los ancianos como "padres" y a las ancianas como "madres". Una familia es un grupo de personas unidas regularmente y, en el caso de la Iglesia, quienes deciden equiparse con el punto de vista de Dios.

La Escritura no sabe nada de un cristiano que no es parte de una iglesia. Sencillamente no existe tal cosa. Alguien podría decir: "Bueno, no tengo que ir a la iglesia para ser cristiano". Y podría tener toda la razón. Nos convertimos en cristianos solo por la fe únicamente en Cristo. De modo similar, no tenemos que ir a la casa para estar casados. Pero, si nos mantenemos lejos el tiempo suficiente, nuestra relación será afectada.

> **La Iglesia ha de ser el faro de la verdad donde las personas puedan acudir, para que les recuerden lo que es real y lo que es engaño.**

Dios ha establecido y ha determinado que la Iglesia existirá como el entorno donde las personas han de conectar los unos con los otros, alrededor de la columna central de su Palabra: la verdad. No debemos vivir independientes como huérfanos espirituales. Muchas personas necesitan regresar a la iglesia después del prolongado confinamiento por la pandemia, cuando muchas iglesias estaban cerradas. Igualmente, también necesitamos regresar a la verdad.

Con frecuencia, las personas quieren la iglesia como un adolescente quiere una familia. Los adolescentes quieren quedarse en su cuarto hasta que llegue la hora de comer. No se ocupan de contribuir a las necesidades del hogar. De forma parecida, cuando las personas están a punto de casarse, o tienen un problema, llamarán a la iglesia; pero, cuando se trata de la vida diaria, suponen que pueden solucionar eso por sí mismos.

Otro modo de describirlo es que muchas personas tratan a la iglesia como si fuera una membresía del gimnasio. Son miembros,

¡pero nunca van! Y, si fueran sinceros, admitirían que eso se muestra. La razón por la cual son flácidos espiritualmente y no tienen músculo cuando se trata de los retos de la vida, es porque no se está produciendo entrenamiento espiritual.

Ser parte de la Iglesia incluye un compromiso a ser identificados e involucrarse de forma dinámica con un cuerpo local de creyentes que están aprendiendo a vivir sus vidas bajo el señorío de Jesucristo. Incluye identidad y también participación; no se trata de sentarse, empaparse, y agriarse. También incluye servir.

Cuando una iglesia actúa como Dios quiso que actuara, se convierte en una potente fuerza contra el mal. Jesús dijo que ni siquiera las fortalezas de Satanás prevalecerán contra la Iglesia.

Y yo también te digo, que tú eres Pedro, y sobre esta roca edificaré mi iglesia; y las puertas del Hades no prevalecerán contra ella. Y a ti te daré las llaves del reino de los cielos; y todo lo que atares en la tierra será atado en los cielos; y todo lo que desatares en la tierra será desatado en los cielos.

(Mateo 16:18-19)

Dios no se salta la Iglesia para componer la Casa Blanca. No se salta su supermercado espiritual para acudir a fuentes alimentarias genéticamente modificadas. Dios ha edificado su Iglesia para servir como un almacén de verdad puro, incontaminado de las perspectivas del mundo. Nuestra tarea como representantes del Rey de reyes y Señor de señores en la Iglesia y en el exterior hacia el mundo es informar a la cultura acerca de lo que piensa el cielo sobre cada tema. Por eso el Padrenuestro dice: *Venga tu reino. Hágase tu voluntad, como en el cielo, así también en la tierra* (Mateo 6:10). Debemos usar "las llaves del reino" para abrir paso al gobierno del cielo en la tierra.

¿Alguna vez iba apresurado y no podía encontrar sus llaves? Usted sabe que una cosa es segura cuando no puede encontrar sus llaves: no irá a ninguna parte. O quizá usted es como yo en cuanto a que tiene tantas llaves en su llavero, que ya no recuerda para qué sirven todas ellas, y son inútiles. No pueden abrir nada porque usted no sabe qué puertas fueron hechas para abrir.

De modo similar, las llaves del reino han sido dadas para abrir puertas de la autoridad de Dios en la tierra. Como leímos antes en Mateo 16: *Y todo lo que desatares en la tierra será desatado en los cielos.* Las llaves representan la autoridad de Dios conferida a la humanidad.

La razón por la cual podemos ser una nación con las esquinas de las calles llenas de iglesias, con muchos programas y muchos miembros liderados por muchos predicadores, y aún así seguir teniendo todo el caos, es porque estamos utilizando las llaves equivocadas. Estamos utilizando llaves culturales, llaves raciales, llaves de género, llaves ideológicas, o llaves humanistas en lugar de utilizar llaves del reino.

La prueba principal para determinar si la Iglesia está siendo la Iglesia que Jesucristo estableció es que "las puertas del infierno" no han de prevalecer contra ella. Ni el infierno (Hades), ni seres humanos llevando a cabo la agenda del infierno podrán detener a la verdadera Iglesia de Cristo. Cuando la Iglesia actúa conforme a la verdad de las llaves del reino, lo que significa alinearse bajo el punto de vista de Dios en todos los temas, la Iglesia prevalecerá.

USTEDES SON LA IGLESIA

Una y otra vez en el Nuevo Testamento leemos que Jesús es la cabeza de la Iglesia y nosotros somos su cuerpo para representar y llevar adelante su agenda. Por eso, cada uno de los lectores que está leyendo este libro debería tener como objetivo llegar a ser un discípulo del reino, que vive como siervo del reino y causa un impacto del reino.

Por ejemplo, si es usted abogado, entonces no es solamente un abogado; usted es representante de Dios en el Colegio de Abogados, de modo que el Colegio de Abogados vea cómo es Dios cuando Dios enjuicia un caso. Si es usted médico, es representante de Dios en el campo médico, de modo que el campo médico ve cómo es Dios cuando Dios ayuda a personas que sufren. Si es usted maestro, es representante de Dios en el salón de clases, de modo que el salón de clases ve cómo es Dios cuando Dios enseña la verdad.

Usted y yo debemos representar a Dios y su punto de vista en todas las esferas de la vida. Debemos representar al "Dios viviente" como "columna y fundamento de la verdad". Cuando Pablo escribió esas palabras a Timoteo, tanto Timoteo como los demás que asistían a la iglesia en Éfeso entendieron lo que quería decir cuando hizo referencia a la verdad como "columna y fundamento", porque en Éfeso se ubicaba una de las Siete Maravillas del Mundo en aquel tiempo. Era un templo conocido como el Templo de Artemisa. Las personas viajaban desde todo el mundo para ver esa estatua inmensa y tributo a la diosa de todas las diosas: Artemisa (también conocida como Diana).

Si leemos Hechos 19, veremos que habían construido toda una economía en torno a Artemisa. La ubicación era un destino tan popular, que habían establecido negocios para dar apoyo a los turistas y los visitantes que viajaban hasta allí. Se convirtió en un lugar de desarrollo económico y entretenimiento.

El elemento interesante acerca del templo en sí es que estaba rodeado por cientos de columnas que sostenían el techo. El templo era tan inmenso, que requería un enorme número de columnas en el fundamento para poder sostener la estructura.

Por lo tanto, cuando Pablo decidió describir la verdad como "columna" y "fundamento", no solo estaba utilizando imágenes al azar. Hacía referencia a algo en Éfeso que todos conocían muy bien a fin de establecer su punto. La verdad de la Palabra de Dios ha de servir como trabajo preparatorio y también como la estructura de refuerzo para todo lo demás. Debe edificar vidas, familias, comunidades, y toda la nación. Sin ella, toda la estructura se derrumba.

Pablo nos recuerda en este pasaje que, en la casa de Dios, debemos actuar conforme a las normas de Dios. Nuestra conducta debe conducir a la verdad. Eso no es mucho pedir, después de todo, ya que estamos en la casa de Dios.

> **Usted y yo debemos representar a Dios y su punto de vista en todas las esferas de la vida. Debemos representar al "Dios viviente" como "columna y fundamento de la verdad".**

Si usted viniera a mi casa, tendría que quedarse acatando mis normas. Por ejemplo, si en su casa estuviera acostumbrado a consumir drogas recreativas, tendría que dejarlas atrás cuando viniera a mi casa porque, en mi casa, no hay lugar para drogas recreativas. Ahora bien, entiendo que usted puede hacer las cosas de modo diferente en su casa pero, en mi casa, se aplican mis propias normas.

Dios llama su casa a toda la creación. Leemos al respecto en Salmos 24:1: *De Jehová es la tierra y su plenitud; el mundo, y los que en él habitan.* Ya que todo este mundo es la casa de Dios, Él tiene derecho a pedirnos que nos sometamos a sus normas. Cuando decidimos no hacerlo, nosotros mismos y quienes nos rodean pagamos el precio.

Ahora bien, si usted crea su propio mundo, entonces puede establecer sus propias reglas; pero, hasta que cree su propio mundo, tiene que seguir las normas de Dios en su mundo porque, cuando no lo hace, se sitúa en conflicto con el Dueño de la casa. Y todos sabemos que eso nunca termina bien para el invitado.

Vivimos en un mundo tan enredado en el conflicto con Dios que eso ahora salpica a todos, porque no queremos aceptar su verdad. Y, aunque eso no debería sorprendernos en cuanto al mundo en general, debiera asombrarnos en cuanto a la iglesia.

Cuando una persona va a un hospital, él o ella asume que va a un almacén de salud; va allí para ser sanado. Además, la mayoría de nosotros queremos que el médico nos diga la verdad. No querríamos a un médico que nos diga: "Ah, usted está bien", cuando en realidad no lo estamos y necesitamos ser tratados. Incluso si la verdad es negativa, queremos que nuestros médicos y sanitarios nos digan la verdad, porque así es como podemos comenzar a recibir ayuda. Sea que la ayuda llegue mediante medicamentos, cirugía, o un tratamiento, el único modo de recibirla es si el médico dice la verdad.

Pero hay demasiadas personas en la Iglesia hoy día a quienes no les dicen la verdad. Les dicen: "Ah, usted está bien" y "Ah, esa conducta está bien", cuando no es así. La Iglesia ha de ser un hospital, no un hospicio. Las personas no van a la Iglesia para sentirse cómodas mientras se mueren; van a la Iglesia para sanar su corazón, su alma y su vida, y también para descubrir paz, gozo y contentamiento.

Sin embargo, nos enfrentamos a una pandemia de pastores que dicen cosas a la gente que nunca les ayudarán a vivir, solamente a sentirse bien mientras mueren. Sea esa muerte relacional, espiritual, emocional, o en aspectos semejantes, el resultado es la muerte cuando se niega la verdad.

El cuerpo de Cristo ha construido nuestra vida colectiva en torno a aperitivos, a la vez que se salta el plato principal. Mientras haya diversión, risas, música y camiones-restaurante, estamos bien.

Pero, comencemos a declarar la verdad, y las personas se sentirán incómodas. Las personas se apartarán; dejarán de asistir. Es muy evidente que no todos quieren escuchar la verdad; pero, hasta que estemos más dispuestos a declarar la verdad en amor y a escuchar la verdad que nos están diciendo, seguiremos en el bucle de caos en el que estamos en este momento. El único modo de salir del bucle es aprender a aceptar este fundamento de valores conocido como la verdad, y también a practicar el comunicarla a otros de una manera que glorifique a Dios y permita que los demás la reciban. Echaremos un vistazo a cómo se hace eso en el capítulo siguiente.

6

MEZCLAR AMOR Y VERDAD

Cuando un jugador de fútbol americano anota un gol, el balón tiene que pasar entre los travesaños para que se considere válido. Si no está familiarizado con el fútbol americano, los travesaños son los dos postes que hay ubicados en cada extremo del campo. Y, si este es el primero de mis libros que está leyendo, sí, hago muchas referencias al fútbol. Es mi deporte favorito, y está lleno de ilustraciones. En este ejemplo, el balón tiene que pasar entre los postes para que los puntos suban al marcador. Si el balón se desvía a la izquierda o a la derecha, fuera de los postes, no se considera válido y no se anotan puntos.

Todos los jugadores, árbitros, y quienes ven los partidos están en la misma página cuando se trata de lo que significan esos postes y cómo se atribuyen tres puntos a un equipo cuando el balón pasa en medio de ellos. Se llama un gol de campo.

Dios tiene dos postes cuando se trata de nuestra madurez en Cristo y cómo desarrollar los valores del reino como sus seguidores, especialmente relacionado con cómo nos comunicamos unos con otros. Quiero que veamos esta norma para nuestra conversación, en particular a la luz de cómo parece desviarse hacia los lados recientemente. Ya sea observar a personas hablarse unos a otros en programas de entrevistas, en las noticias, en las redes sociales o en persona, la conversación honrosa parece haber desaparecido.

Estoy alarmado por cuán acusatoria e insultante se ha vuelto la conversación cuando las personas están en desacuerdo unas con otras. Este tipo de conversación no deja espacio para el diálogo, el aprendizaje mutuo o el crecimiento. Lo que sí hace es cerrar por completo la conversación. Solíamos denominar *acoso* a la conversación de la que ahora somos testigos; pero, ya sea que nos refiramos a ella como veneno verbal, política del lenguaje, o acoso, eso no cambia la realidad de que nuestra conversación como creyentes, que se supone que ha de estar modelada sobre Cristo en su Palabra, parece reflejar en cambio el clima cultural común. ¿Cómo esperamos ganar a alguien para Dios y la agenda de su reino si nuestra conversación no suena diferente al odio y el juicio tan generalizados hoy día?

Los dos postes, o estándares, para nuestra conversación se nos dan en Efesios 4:14-16, donde leemos:

> *Para que ya no seamos niños fluctuantes, llevados por doquiera de todo viento de doctrina, por estratagema de hombres que para engañar emplean con astucia las artimañas del error, sino que siguiendo la verdad en amor, crezcamos en todo en aquel que es la cabeza, esto es, Cristo, de quien todo el cuerpo, bien concertado y unido entre sí por todas las coyunturas que se ayudan mutuamente, según la actividad propia de cada miembro, recibe su crecimiento para ir edificándose en amor.*

He incluido los versículos próximos para dar contexto, pero los dos postes a los que hace referencia este pasaje son (1) declarar la verdad, y (2) declararla en amor. Los dos postes para cómo debemos navegar exitosamente en las aguas culturales en nuestra comunicación como cristianos son verdad y amor. Cualquier cosa que esté fuera de esos dos estándares no cuenta como una virtud del reino. Falla el blanco.

Ahora bien, la verdad se refiere al contenido de lo que decimos, mientras que el amor se refiere a la motivación y a la manera de decirlo. No hemos de inclinarnos hacia un estándar por encima del otro, porque los dos postes están lado a lado como factor determinante de si anotamos a la hora de poner en práctica el carácter del reino.

El interés de Pablo en este pasaje gira en torno a la madurez de los cristianos a quienes escribió. Él quiere que crezcan. La realidad de su época era que muchos creyentes seguían siendo inmaduros y carnales, y eran llevados de un lado a otro de todo viento de doctrina. Por desgracia, parece que no mucho ha cambiado.

Las personas parecen contentarse con cambiar de creencias acerca de lo que es verdad simplemente debido a lo que ha dicho el último *influencer* o comentarista en las redes sociales, o incluso lo que les ha dicho algún familiar o amigo. Cuando el viento sopla en cierta dirección y parece correcto o les hace sentir bien, irán hacia allí. Entonces, cuando el viento sopla en otra dirección, o las cosas se vuelven inestables en la primera dirección, cambiarán y seguirán hacia algo nuevo. Las personas pueden cambiar con tanta rapidez porque no han madurado hasta el punto en el que la Palabra de Dios sirve como el ancla de toda la verdad.

Cuando visitamos a un médico, con frecuencia nos pide que saquemos la lengua; lo hace porque está buscando cosas en nuestra lengua que podrían indicar que algo va mal en el interior de nuestro cuerpo. La Biblia declara que la conversación de una persona también revela si hay algo que va mal en su interior. Lo que decimos, y cómo lo decimos, refleja lo que hay en nuestro corazón.

Santiago 1:26 lo expresa de este modo: *Si alguno se cree religioso entre vosotros, y no refrena su lengua, sino que engaña su corazón, la religión del tal es vana.*

Básicamente, si usted no puede controlar su lengua, su "religión es vana". Ahora bien, entiendo que, ocasionalmente, usted y yo cometeremos errores; pero a lo que Pablo se refiere aquí es al proceso continuado y la revelación de madurez espiritual. Si su modo normal de actuación es menospreciar, juzgar, criticar, burlarse, mofarse, mentir, o participar en cualquier otro vicio verbal conocido para la humanidad, entonces quizá querría reconsiderar en qué punto está su relación con Jesucristo.

Quizá quiera examinar dónde está en este momento comparado con dónde estaba usted hace varios meses, o incluso hace un año atrás. ¿Se ha encaminado más su boca (lo que usted dice, cómo lo dice, y por qué escogió decirlo) entre los dos postes de verdad y amor, o todavía sigue hablando desde la carne? Así es como puede saber si está creciendo en el carácter piadoso y en los valores del reino.

+ ¿Está mejorando su conversación?

+ ¿Siente la necesidad de expresar cada pensamiento que tiene, o ha aprendido a estar contento con escuchar también a otros?

+ ¿Quiere tener la última palabra, o está dispuesto a dejar pasar las cosas por causa del amor y la amabilidad?

+ ¿Habla como si lo que usted dice fuera lo más importante sobre cada tema, o deja abierto un espacio para que quizá alguien sepa más que usted?

+ ¿Reflejan sus palabras un corazón de fe o de temor, de calma o de caos, de paz o de orgullo?

Hay muchas maneras de calibrar nuestras virtudes del reino, pero la principal es mediante lo que decimos. Nuestra boca revela nuestro corazón.

Jesús lo explicó del modo siguiente:

Respondiendo Pedro, le dijo: Explícanos esta parábola. Jesús dijo: ¿También vosotros sois aún sin entendimiento? ¿No entendéis que todo lo que entra en la boca va al vientre, y es echado en la letrina? Pero lo que sale de la boca, del corazón sale; y esto contamina al hombre. Porque del corazón salen los malos pensamientos, los homicidios, los adulterios, las fornicaciones, los hurtos, los falsos testimonios, las blasfemias. Estas cosas son las que contaminan al hombre; pero el comer con las manos sin lavar no contamina al hombre. (Mateo 15:15-20)

Lo que decimos y cómo lo decimos revela nuestro verdadero yo. El reino de Dios debiera reflejar las virtudes y los valores del reino de Dios; pero, en cambio, parece haberse producido un cambio. Estamos siendo inundados de información y comunicación modeladas por publicaciones en Facebook, en Instagram, discusiones en Twitter, chats, mensajes, memes y más cosas. Tenemos comunicación poco sana produciéndose en todos los ámbitos. A menudo, no solo está llena de mentiras, sino que frecuentemente está llena de angustia y maneras malvadas de comunicarnos con otros o acerca de otras personas.

Como seguidores del reino, debemos hablar la verdad en amor. Debemos hablar de acuerdo con el estándar absoluto mediante el cual se mide la realidad, debemos hablar lo que refleja el punto de vista de Dios sobre cualquier tema. No importa cuántas personas estén de acuerdo con nosotros, ni tampoco importa a cuántas personas les guste lo que tenemos que decir. Ni siquiera importa cómo nos sintamos nosotros al respecto. Cuando Dios dice que algo es verdad, eso debe dominar el entorno y la atmósfera de su pueblo, porque buscamos actuar conforme a su perspectiva del mundo.

Las personas que no han aprendido a manejar su conversación, de modo similar tampoco han aprendido a manejar otros aspectos de sus vidas. El caos que hay en su corazón, su mente y sus decisiones se muestra en lo que tienen que decir. Toda forma de conversación que es inconsistente con el carácter de Dios indica que algo va mal en lo profundo de esa persona. Ya sean bromas que pretenden herir a personas, críticas, groserías, juicio duro, sarcasmo, insultos, vulgaridad, falta de respeto, antipatía, rudeza, o cualquier otra cosa, eso meramente refleja el caos que existe en el interior de la persona que lo dice.

> **Como seguidores del reino, debemos hablar la verdad en amor. Debemos hablar de acuerdo con el estándar absoluto mediante el cual se mide la realidad, debemos hablar lo que refleja el punto de vista de Dios sobre cualquier tema.**

Santiago 3:2 bosqueja esta conexión entre lo que la persona dice y su incapacidad de manejar otros aspectos de su vida. Leemos: *Porque todos ofendemos muchas veces. Si alguno no ofende en palabra, este es varón perfecto, capaz también de refrenar todo el cuerpo.*

Si quiere echar un vistazo a cómo le va a una persona, simplemente escuche lo que dice. Porque, si la conversación es un caos, entonces el resto es también un caos. La lengua es el indicador de la vida interior de la persona.

LA VERDAD Y EL DOMINIO DE LA LENGUA

La conversación es también un indicador de la salud de una cultura. Una mirada a su alrededor le alertará de que estamos viviendo en un mundo de conversación podrida y comunicación odiosa. Tan solo hay que leer algunas de las cosas que las personas dicen de los demás y se dicen entre ellas. Incluso cristianos están quedando enredados en este modo lleno de odio de menospreciar e insultar a otros que tienen un punto de vista diferente.

Recientemente experimentamos eso como ministerio cuando mi hijo Jonathan publicó algo que, cuando se sacó de contexto, provocó una diatriba de comentarios y respuestas llenas de odio a esos comentarios. Poco después, había conversaciones enteras mantenidas entre seguidores en redes sociales, muy pocas de las cuales reflejaban una página dedicada a la gloria de Dios.

Cuando miré algunos de los perfiles de las personas que publicaban comentarios, quedé alarmado al leer en sus biografías cosas como: "Amo a Jesucristo", "Compartiendo el amor de Dios", e incluso, "¡Jesús lo primero!". Solamente a juzgar por las palabras, las afirmaciones y las acusaciones infundadas que se publicaban como comentarios, quedaba claro que Jesús no estaba ni siquiera cerca. Cuando una persona queda tan enredada en criticar o insultar a otra persona, eso muestra su falta de madurez espiritual. Efesios 4:29-31 explica cómo deberían sonar las palabras de un creyente maduro:

> *Ninguna palabra corrompida salga de vuestra boca, sino la que sea buena para la necesaria edificación, a fin de dar gracia a los oyentes. Y no contristéis al Espíritu Santo de Dios, con el cual fuisteis sellados para el día de la redención. Quítense de vosotros toda amargura, enojo, ira, gritería y maledicencia, y toda malicia.*

Pablo nos recuerda en este pasaje que lo que decimos puede literalmente entristecer al Espíritu Santo de Dios. Entristecemos al Espíritu Santo cuando usamos o publicamos "palabras corrompidas". Las palabras corrompidas son aquellas pensadas para herir y destruir, no para sanar y ayudar. Como creyentes, debemos decir la verdad en amor. Esa ha de ser nuestra orientación. Proverbios 10:11 dice: *Manantial de vida es la boca del justo; pero violencia cubrirá la boca de los impíos.* Las palabras importan. O bien producen vida, o crean caos.

En 1 Tesalonicenses 5:11 leemos que nuestra comunicación debería prestar ayuda a las personas, y no daño: *Por lo cual, animaos unos a otros, y edificaos unos a otros, así como lo hacéis.* Nunca deberíamos usar nuestras palabras para derribar a las personas. Por lo tanto, lo primero que necesitamos hacer es decir la verdad de una manera que les permita escuchar el punto de vista de Dios. Eso les producirá ánimo y los edificará. Los valores del reino deberían reflejarse en nuestra voz.

Ahora bien, no estoy hablando de convertir cada conversación en un sermón. De lo que hablo es de dar a las personas una perspectiva que esté arraigada y cimentada en un punto de vista de Dios en lugar de estar centrada en un punto de vista del mundo. No deberíamos estar de acuerdo con el mundo cuando el mundo está en desacuerdo con Dios.

Tampoco debemos permitir que la compasión cancele la verdad, lo cual parece estar ahora en un nivel tan alto como nunca. Nos están conduciendo a estar de acuerdo con mentiras mediante la vergüenza. Aunque existe el lenguaje de odio, no toda afirmación que está en desacuerdo con algo es lenguaje de odio; sin embargo, como hay muchas personas a quienes no les gusta la verdad, utilizan la vergüenza como un modo de contener a las personas para que no declaren la verdad. Como discípulo del reino, usted nunca debería contenerse de decir la verdad, y sin duda, no por un deseo de aceptación. Deje que sea Dios veraz, y todo hombre mentiroso (ver Romanos 3:4).

Hemos de ser personas de la verdad. Usted y yo debemos conocer, entender, aplicar y declarar la perspectiva de Dios acerca de cada asunto que enfrentemos. La verdad no es algo relegado a los predicadores; debe fluir de un creyente a otro, de un santo a otro santo. Así es como hemos de alentarnos unos a otros en una época que aplaude la destrucción de los valores cristianos a toda costa.

¿Ha ido alguna vez al zoológico y ha visto a un animal salvaje enjaulado? El motivo de que tengan al animal salvaje entre barrotes se debe a que es peligroso. De modo parecido, la lengua es peligrosa. Por eso la lengua llega enjaulada en lo que llamamos una boca, detrás de unos barrotes que llamamos dientes. Sí, la lengua puede ser una herramienta para transformación e impacto, pero demasiadas veces se utiliza como una herramienta para derribar. Debemos decir la verdad, pero hemos de decirla con un corazón de amor. La verdad siempre debe comunicarse con amor.

Uno de los mayores atributos de Dios es el amor; es parte de su ser innato. Dios *es* amor. Sin embargo, muchos de nosotros no llegamos a entender por completo lo que significa el amor. Es una palabra que se lanza con frecuencia de modo despreocupado. Por lo tanto, voy a definir lo que es el amor bíblicamente. *Amar* es "la decisión de buscar el bienestar de otra persona de manera compasiva, recta y responsable". Es una decisión, no solo un sentimiento. La razón por la que digo que es una decisión se debe a que Dios nos los manda, y un mandamiento demanda obediencia. El amor siempre comienza con una decisión. Es una decisión de hacer o decir algo de manera compasiva, recta y responsable para la mejora de otra persona.

Eso significa que debemos decir la verdad de modo que la persona con quien estamos hablando sepa que decimos lo que decimos para alcanzar lo que sea mejor para él o ella, porque queremos lo que será mejor para esa persona. Obviamente, dar rienda suelta a las palabras no encajaría en esa categoría, ni tampoco lo harían las críticas, los insultos o las insinuaciones. Cuando nos comunicamos según las normas de conversación de Dios, debemos hacerlo de una forma que busque ayudar, que busque mejorar algo o a alguien. Las personas deberían saber cuánto nos interesamos por su bienestar cuando nos comunicamos con ellas.

Ahora bien, eso no significa que hemos de simplificar la verdad, pero tampoco significa que hemos de erradicar cualquier preocupación. Cuando nos encontremos con creyentes que sabemos que están creyendo, viviendo o diciendo algo errático, que están pecando, necesitan conocer la verdad, sí; pero también necesitan saber que la razón por la que les decimos la verdad es porque nos interesamos por ellos y buscamos evitarles las consecuencias de un camino errante. Hemos de dirigirlos hacia la perspectiva de Dios sobre el asunto de tal manera que esté sazonada con gracia.

EL AMOR ES MAYOR QUE LA INTOLERANCIA

El amor no tolera todos los puntos de vista. El amor no consiente las mentiras. Los cristianos debemos amar a todas las personas, pero no somos llamados a amar todas las ideas. Dios traza una diferencia clara entre el pecado y el pecador. Dios ama al pecador, pero no ama el pecado, ni tampoco mezcla ambos. Por ejemplo, un padre amoroso no acepta la mala conducta de su hijo o su hija, y sin embargo lo sigue amando. Y, si es un buen padre, trata a sus hijos con amor incluso cuando tenga que corregirlos. Siempre debemos hacer una distinción entre la acción y la persona.

Hemos de amar a la persona inmoral, pero no hemos de amar la inmoralidad. Hemos de amar a las personas de distintas razas, pero no hemos de amar el racismo. Hemos de amar a la persona enojada, pero no hemos de amar el enojo. El problema en la actualidad es que el mundo ha intentado apagar la influencia bíblica en nuestra cultura mezclando al pecador con el pecado. Dicen que rechazar un pecado nos convierte en intolerantes; pero nunca hemos de ser intolerantes hacia otra persona creada a imagen de

Dios. Sin embargo, tampoco debemos negar nunca la verdad a cambio de un deseo de aceptación. Debemos decir la verdad en amor para que las personas sepan que nos interesamos por su bienestar.

Nunca deberíamos tener que escoger entre verdad y amor.

Si queremos vivir como personas con valores del reino, debemos decir siempre la verdad en amor. Cuando no hacemos eso y solo decimos la verdad, da la impresión de que golpea a las personas con un martillo o las flagela. Incluso cuando es información exacta y precisa, si no se comunica en un espíritu y un contexto de amor, puede sentirse como una crítica.

> **El amor no tolera todos los puntos de vista. El amor no consiente las mentiras. Los cristianos debemos amar a todas las personas, pero no somos llamados a amar todas las ideas.**

Por otro lado, si intentamos vivir ofreciendo amor sin verdad, lo único que hacemos es aprobar a una cultura que ha decidido dejar fuera a Dios. De ese modo, ayudamos a las personas a sentirse bien con una mentira, y les posibilitamos permitiéndoles sentirse bien acerca de algo por lo que deberían sentirse mal. Ese no es nuestro papel como discípulos del reino. Nuestro papel no es ayudar a las personas a sentirse mejor con la mentira, sino ayudarles a mejorar a medida que les alentamos o inspiramos a que decidan vivir en la verdad.

Por desgracia, hoy día tenemos una sociedad que fomenta la creencia en mentiras en el nombre del amor. Tenemos a cristianos confusos que se meten también en la mezcla, lo que tiene un efecto dañino en las interacciones de Dios con los creyentes hoy, no solo personalmente sino también de forma colectiva.

La mayoría de las personas no entienden esto, pero Dios usará nuestra lengua, y el modo en que manejamos la verdad en amor, para determinar cuánto de Él llegamos a experimentar en esta vida. Mateo 12:34-37 nos dice que cada palabra que decimos queda registrada, y daremos cuentas de ellas. Por eso es tan importante poner guarda a nuestra boca y un centinela a la puerta de nuestros labios, como escribe el salmista de modo tan poético en Salmos 141:3. Porque cuando no hacemos eso y permitimos que nuestras palabras salgan desbocadas, estamos obstaculizando nuestro propio crecimiento espiritual y también el crecimiento espiritual de otras personas.

En lugar de levantar una barrera entre nosotros mismos y Dios, debiéramos buscar maneras de acercarnos más a Él, pues es así como crecemos, es así como desarrollamos virtudes del reino y nos sobreponemos al caos mediante el carácter. El pasaje en 1 Juan 4 nos revela que, cuando vivimos en verdad y amor, declarándolo con nuestras palabras e intenciones, Dios nos revela más de sí mismo, perfeccionando su amor en nosotros. Él hace eso para que, a medida que permanecemos en Él más y más, entonces revelemos más de su amor a otros. Es un círculo. Leemos:

Amados, amémonos unos a otros; porque el amor es de Dios. Todo aquel que ama, es nacido de Dios, y conoce a Dios .

(v. 7)

Nadie ha visto jamás a Dios. Si nos amamos unos a otros, Dios permanece en nosotros, y su amor se ha perfeccionado en nosotros.

(v. 12)

En esto conocemos que permanecemos en él, y él en nosotros, en que nos ha dado de su Espíritu.

(v. 13)

*Y nosotros hemos conocido y creído el amor que Dios tiene
para con nosotros. Dios es amor; y el que permanece en amor,
permanece en Dios, y Dios en él.* (v. 16)

*En el amor no hay temor, sino que el perfecto amor echa fuera
el temor; porque el temor lleva en sí castigo. De donde el que
teme, no ha sido perfeccionado en el amor.* (v. 18)

*Y nosotros tenemos este mandamiento de él: El que ama a
Dios, ame también a su hermano.* (v. 21)

Mezclar la comunicación de la verdad con amor abre las puertas a una mayor experiencia de Dios en nuestra vida. Y ¿acaso no nos vendría muy bien a todos usar más de la grandeza de Dios en nuestra vida? La presencia de Dios echa fuera el temor y calma el caos. La presencia de Dios abre paso a la paz, la esperanza y el gozo. Dios nos permite sentir más de su amor cuando ve que estamos dispuestos a compartir su amor y su verdad con otros.

Además, cuando hagamos que nuestro estilo de vida sea vivir con los valores del reino sobre el fundamento de la verdad mezclada con un espíritu de amor y alineando nuestra voluntad con la de Dios, serán contestadas más de nuestras oraciones. A medida que reflejamos más a Dios en lo que decimos y cómo lo decimos, Dios está más en sintonía con nuestras oraciones. Ahora bien, para que no crea que me lo estoy inventando, le mostraré dónde dice eso en 1 Juan 3:18-22. Leemos:

*Hijitos míos, no amemos de palabra ni de lengua, sino de
hecho y en verdad. Y en esto conocemos que somos de la
verdad, y aseguraremos nuestros corazones delante de él; pues
si nuestro corazón nos reprende, mayor que nuestro corazón
es Dios, y él sabe todas las cosas. Amados, si nuestro corazón no nos reprende, confianza tenemos en Dios; y cualquiera*

cosa que pidiéremos la recibiremos de él, porque guardamos sus mandamientos, y hacemos las cosas que son agradables delante de él.

Una de las mejores maneras de que nuestras oraciones sean contestadas es mezclar la verdad y el amor. Eso significa que no podemos ser santos ocultos; no podemos ser seguidores de Cristo que se quedan en casa. Y no estoy hablando tampoco de ir a una iglesia o a un santuario. Necesitamos involucrarnos con otros regularmente para que, en primer lugar, tengamos oportunidad de decir la verdad en amor. Cuando estamos influyendo en personas y animándolas a construir valores del reino en sus vidas, Dios ve que estamos haciendo "las cosas que son agradables delante de él".

Hay muchas personas que hoy día se sienten libres para entrar en las redes sociales y corregir, juzgar, enseñar o culpar a personas que puede que ni siquiera conozcan. Pero la verdad dicha en un espíritu y un contexto de amor se produce la mayoría de las veces en un entorno de relación. Para poder tener relaciones, necesitamos conectar intencionalmente con otros. Tenemos que conocer a las personas lo bastante bien para saber cuándo podría ser necesaria la verdad en sus vidas, y no podemos hacer eso si nunca estamos cerca de otros. La Iglesia tiene muchos propósitos, y uno de ellos es dar lugar al compañerismo entre creyentes.

Demasiadas personas terminaron utilizando la COVID-19 como excusa para no asistir a la iglesia cuando se levantó el confinamiento. Les resultó mucho más cómodo ver un sermón en YouTube y ya está. Pero la iglesia nunca debió ser tan solo un dispensador de sermones, como si fuera una máquina. La iglesia es un lugar para conectar con otras personas de tal modo, que todos puedan experimentar a Dios juntos a medida que lo servimos y llegamos a conocerlo mejor a Él y también los unos a los otros.

Además, cuando nos involucramos en las vidas de personas, y permitimos que otros se involucren también en nuestra vida, se nos dan oportunidades de decir la verdad en amor. No tenemos que demandar que se escuche nuestra voz; no tenemos que gritar, ni tampoco utilizar letras mayúsculas.

Dios nos ha dado una comunidad en la que todos podemos desarrollarnos, cuando nos juntamos sobre la base de dos valores fundamentales: verdad y amor. Jesús mezcló estas dos cosas (verdad y amor) en un sermón único que predicó a sus seguidores en una ladera montañosa al lado del Mar de Galilea. Empleó este sermón hablando de lo que significa vivir con valores del reino. Pasaremos el resto de nuestro tiempo en estas páginas en un viaje por este sermón, a medida que echamos una mirada más profunda a cómo define Dios los valores del reino, y cómo debemos expresarlos en nuestras propias vidas.

SEGUNDA PARTE

LOS COMPONENTES DEL CARÁCTER BÍBLICO

7

LOS POBRES EN ESPÍRITU

El **Sermón del Monte** es el mejor sermón jamás predicado por el mayor predicador que haya vivido nunca. Jesucristo proclamó esta obra maestra. Hemos llegado a conocer las cualidades de las que Él habló en este sermón como las Bienaventuranzas. Pero cuando miramos este mensaje más de cerca, podemos ver que Jesús está bosquejando de modo bien fundado cómo vivir con valores del reino como sus seguidores del reino. Ya sea que queramos referirnos a estos atributos como bienaventuranzas o como valores del reino, vivir conforme a ellos reflejará al Rey de reyes, le dará gloria a Él, y nos producirá bien a nosotros.

Se nos presenta el entorno de este poderoso mensaje en los dos primeros versículos de Mateo 5, donde leemos: *Viendo la multitud, subió al monte; y sentándose, vinieron a él sus discípulos. Y abriendo su boca les enseñaba, diciendo…*

Observemos que aquí hay dos grupos. Están los discípulos, a quienes Él habla directamente; y está la multitud que se ha reunido cerca para oír su conversación con los discípulos. En esencia, Jesús habla a ambos grupos en su Sermón del Monte: a las masas y a sus seguidores.

Es un poco parecido a cuando yo me preparo para predicar en la iglesia que pastoreo: Oak Cliff Bible Fellowship. Redactaré el sermón teniendo en mente a nuestra congregación. Utilizo frases y matices que se identifican con el historial compartido y la fe de nuestros miembros. Incluso podría emplear ciertas aplicaciones basándome en mi conocimiento personal de lo que estamos atravesando como congregación en ese momento.

Cuando he predicado en la iglesia a mi congregación, mis palabras van más allá de ese púlpito cuando nuestro ministerio nacional (The Urban Alternative) tomas mis sermones dominicales y los transmite por radio, en la televisión y en el internet. Mediante la distribución que hace The Urban Alternative, lo que comenzó como un mensaje localizado y comunicado a los miembros de una iglesia local se amplía para ser un mensaje global que alcanza a las masas.

De modo similar, cuando Jesús habló a sus discípulos en el monte aquel día, escogió y moldeó su mensaje para elevarlos a un nivel más alto de discipulado del reino. Pero, lo que fue relevante para ellos fue también relevante para las personas que se juntaron cerca de ellos, y sigue siendo relevante para cualquiera que lo haya escuchado o lo escuchará en el tiempo: ahora y después.

Sabemos que Jesús apuntaba a mayores niveles de discipulado del reino en sus oyentes porque los valores de los que hablaba están flanqueados al principio y al final por la afirmación: *Porque de ellos es el reino de los cielos.* Leemos esta frase en el versículo 3, que es el inicio de su mensaje, y una vez más al finalizar su enfoque en estos valores en el versículo 10.

Jesús comienza y termina su énfasis en los valores basados en el reino con esta frase, y es obvio que, en su enseñanza sobre cómo vivir como sus seguidores, Él quiere compartir con sus discípulos el concepto del reino. Les dice qué es el reino, cómo opera el reino, y cómo ellos pueden beneficiarse del reino al ser bienaventurados o bendecidos por él. Les enseña sobre la naturaleza de causa y efecto de la vida del reino. Jesús denomina "bienaventurado" (bendito, dichoso) el estado positivo resultante a lo largo del sermón.

De hecho, en los primeros doce versículos de su Sermón del Monte, Jesús usa la palabra *bienaventurados* nueve veces. Con cada uno de esos usos descubrimos lo que tenemos que hacer (según qué valores del reino necesitamos poner en práctica), a fin de recibir bendiciones del reino. Estas nueve referencias a las bendiciones cubren ocho valores concretos mediante los cuales Dios desea que vivamos. Uno de los valores tiene asociada una doble bendición, pero llegaremos a eso más adelante en el libro.

La idea principal, sin embargo, al comenzar nuestro viaje por estos valores del reino, es que vivir de acuerdo con ellos produce bendición. Jesús quiere que cada uno de nosotros sepa que decidir abrazar los valores del reino no es tan solo algo que hacemos para poder marcar los puntos de una lista. No es tan solo algo que hacemos para poder publicar en el internet afirmaciones que señalan a esas virtudes, y tampoco significa sufrir sin quejarnos mientras buscamos vivir la vida cristiana.

Más bien, Jesús empareja cada uno de estos valores del reino con una bendición que llega a nuestras vidas. En lugar de vivir una vida de caos, descubriremos calma. En lugar de vagar sin dirección con dolor, encontraremos consuelo. En lugar de ir por la vida insatisfechos, encontraremos lo que necesitamos cuando más lo necesitemos. En estas ocho afirmaciones sobre los valores del reino, Jesús también nos da el propósito que hay detrás de ponerlos en práctica. Nos da un incentivo, recordándonos que, cuando decidimos vivir y ser moldeados conforme a los valores del reino, tendremos acceso a las bendiciones del reino de Dios para nosotros mismos.

Los valores del reino de los cuales habló Jesús en el Sermón del Monte bosquejan la responsabilidad y también los beneficios de vivir en el reino.

MIRAR HACIA ADENTRO

A lo largo de su sermón, Jesús aborda el problema principal que enfrentaba la gente de su época, un problema que la gente enfrenta también en la actualidad: mirar la vida solamente desde afuera. Lo peor que podemos hacer es mirar nuestra vida desde afuera, porque las cosas que tenemos, el estatus que hemos alcanzado, la casa donde vivimos, o el auto que manejamos no determinan nuestro nivel de bendición en esta vida. Probablemente usted conoce a personas que tienen muchas cosas, pero son desgraciadas en su interior. Incluso podría ser usted mismo. Pero una vida del reino, que produce bendición del reino, nos permite experimentar los beneficios del reino internamente.

Nos ayudará, a medida que decidimos recorrer estos valores, definir el término *bienaventurado* desde un punto de vista bíblico. *Bienaventurado* describe "un estado de bienestar en el que los seguidores del reino de Cristo disfrutan de la bondad de Dios en sus vidas y también la ofrecen". Un "estado de bienestar" se refiere a nuestro modo de ser normal, no a un momento de felicidad aquí o un arrebato de energía o entusiasmo allá. Es un modo de vida, no un acontecimiento.

La Biblia hace referencia a este estado de bienestar, favor divino y estabilidad espiritual, también conocido como "gozo" en la Escritura, como un río interior que no deja de fluir incluso en tiempos de sequía. Es la obra del Espíritu Santo producir eso en la vida del creyente. Parte de nuestro papel a la hora de fomentar nuestro propio crecimiento y madurez es decidir vivir según los valores del reino que se bosquejan en la Palabra de Dios.

Un cristiano que no tiene gozo, si ese es su estado normal, no está muy cerca del Espíritu Santo. Porque, cuando usted y yo permanecemos en Cristo, y por lo tanto permanecemos en su Espíritu, el papel del Espíritu es llenarnos de ese río interior: el agua que rebosa de gozo.

La palabra griega traducida como "bienaventurado" en el Sermón del Monte es la palabra *Makarios*. Este nombre se refería a una isla en la costa de Grecia conocida en aquella época como "la isla bienaventurada". Se denominaba bienaventurada porque era autosostenible. Los residentes allí no tenían que salir de la isla para conseguir nada porque la isla les ofrecía todo lo que ellos pudieran necesitar. Los recursos naturales de esta isla bienaventurada eran tan abundantes, fructíferos y productivos, que los isleños tenían todo lo que necesitaban para disfrutar al máximo de sus vidas.

> **Parte de nuestro papel a la hora de fomentar nuestro propio crecimiento y madurez es decidir vivir según los valores del reino que se bosquejan en la Palabra de Dios.**

En el concepto bíblico de ser bienaventurado, descubriremos todo lo que necesitamos para vivir una vida completa y satisfecha; y debiéramos estar conformes con vivir en una isla. Tan solo estar con el Rey rodeados por su reino debería avivar en nuestro interior una consciencia de cuán bienaventurados somos. Pero hay demasiados creyentes hoy día que sienten la urgencia de ir a algún lugar, comprar algo, o cambiar de casa, de empleo, de pareja, de vehículo o de iglesia, en una búsqueda constante de algo externo que les satisfaga, en lugar de estar contentos en la isla de las bendiciones del reino de Dios.

Una de las maneras en las que sabemos que no somos bienaventurados en el sentido bíblico es que tenemos que seguir abandonando la isla para obtener cierta cantidad de satisfacción. Tenemos que salir de la isla para encontrar paz o felicidad, o para sentirnos importantes. Cualquiera que no reconozca lo que tiene con Cristo y con sus bendiciones del reino, tendrá que salir de la isla en una búsqueda constante de algo más.

Si usted se encuentra recorriendo la ciudad en un intento por encontrar su bendición o experimentar su bendición, está buscando en el lugar equivocado. Como seguidor del reino de Jesucristo usted ya tiene acceso a su bendición en su interior. Ya está en la isla llamada "bienaventurada". Tan solo necesita abrir sus ojos espirituales y descubrir lo que Dios tiene para usted. Necesita comprender que hay un aspecto de causa y efecto en las bendiciones del reino.

Vivir conforme a los valores del reino conduce a una vida llena de bendiciones del reino. Es así de sencillo y así de difícil. Digo que es sencillo porque es bastante claro. No hay ningún obstáculo que superar. Pero también es difícil porque nosotros lo complicamos mediante nuestra rebelión, nuestra terquedad y deseo de encontrar nuestro propio camino.

Amigo, Jesús es *el* camino. Él conoce el camino por el que deberíamos ir para experimentar las bendiciones de su reino. Igual que habló a sus discípulos en el monte con vistas al gran Mar de Galilea, nos habla a nosotros hoy mediante su mensaje.

No hace mucho tiempo atrás pude visitar Israel con mi familia y mis compañeros en el ministerio The Urban Alternative. Uno de los puntos destacados del viaje fue subir al monte donde Jesús se sentó para enseñar a sus discípulos y a la multitud de personas que se habían juntado para escuchar. Mientras estaba en la ladera del monte junto con el equipo de filmación y mi familia, tomé un momento para mirar el paisaje e imaginar lo que podría haber sido con aquella multitud reunida. Pude imaginar a Jesús sentado en una piedra grande para enseñar y a la multitud en silencio. Por si no se dio cuenta antes, Jesús se sentó. Leímos eso en el pasaje que abrió este capítulo. Jesús se sentó cuando enseñó en la ladera del monte.

Podría haber sido que Jesús se sentó porque estaba cansado, o podría haber sido porque sabía que estaba a punto de hablar por un periodo de tiempo relativamente largo. También podría haber sido simbólico. En aquella época, como sucede en gran medida en la actualidad, sentarse y enseñar era hacerlo desde un asiento de autoridad. Igual que un rey que se sienta en su trono para gobernar sobre su reino, o cuando el Papa habla ex cátedra, que significa "desde la silla", o cuando un juez preside un caso en el tribunal, significa hablar desde un lugar de autoridad.

Por lo tanto, cuando Jesús habló de los valores del reino que estamos a punto de explorar juntos a lo largo de estas páginas, hemos de saber que lo hizo desde una posición de autoridad. Nadie tiene más autoridad que Él para comunicar los principios del reino mediante los cuales hemos de vivir. Él es el Rey de reyes; Él es dueño del mundo que nosotros llamamos nuestro hogar, y lo gobierna. Y, como es Él quien lo hace, sabe cómo hemos de vivir en él como discípulos del reino.

LO PRIMERO ES LO PRIMERO

El primer valor del reino en el cual Jesús decidió enfocarse aparece en el versículo 3. Leemos: *Bienaventurados los pobres en espíritu, porque de ellos es el reino de los cielos.* Es una afirmación breve, pero contiene un mundo de verdad. Jesús comienza diciéndonos que somos bienaventurados o dichosos cuando somos pobres. Ahora bien, sé que a nadie que esté en sus cabales le gusta ser pobre. Si es usted una persona a quien le encanta ser pobre, probablemente tiene un problema. Es cierto que algunas personas no pueden evitar ser pobres, pero, por lo general, no es porque quieran serlo.

Muchos de nosotros crecimos siendo pobres. A mí me sucedió. Estoy seguro de que también fue el caso de muchos de los lectores de este libro. Nos criamos sin tener mucho. Algunos de nosotros nos criamos comiendo sándwiches de mayonesa. Un sándwich de mayonesa es simplemente eso: pan con mayonesa. Eso es todo. Y si su mamá finalmente podía poner algo de carne en el sándwich, era la salchicha que tenía burbujas por dentro. Algunos de nosotros también nos criamos comiendo queso, o frijoles, o leche en polvo que el gobierno proporcionaba.

Estoy seguro de que hay quienes están leyendo este libro y saben exactamente de qué estoy hablando. Y estoy seguro de que esas personas no querían estar exactamente en el estado en que estaban en aquel tiempo. Querían algo mejor, más libertad, y los medios para progresar en la vida. Querían algo más cómodo que estar inmersos en la pobreza. Y nadie les culparía por eso.

Pero no es esa la pobreza de la que Jesús hablaba. Jesús habló de pobreza espiritual. Además, habló de ello de un modo que declaraba que esta pobreza espiritual era totalmente esencial. Comenzó su sermón revolucionario diciendo algo revolucionario para todos los que escuchaban en aquel tiempo, y también hoy día: *Bienaventurados los pobres en espíritu*. Esta última parte de la frase es clave. Jesús estaba pronunciando una bendición sobre la pobreza espiritual. No estaba condenando el dinero, ni tampoco estaba condenando la adquisición de tierras, animales, o incluso cosas para un hogar.

De hecho, muchos de los siervos escogidos de Dios en la Escritura eran ricos según los estándares actuales. Muchos serían considerados millonarios hoy día. Abraham habría encajado en esa categoría, y también David y Job. También había al menos un multimillonario: Salomón. En la Biblia vemos que Dios no tenía ningún problema con dar a su gente prosperidad financiera.

Pero Él sí tenía un problema entonces y lo tiene ahora, como lo indica la primera afirmación de Jesús, cuando las personas utilizan sus cosas (su riqueza) para medir su estado espiritual. Que alguien piense que, debido a que tiene un auto último modelo Dios debe estar cerca de él o ella o debe amarle más que a otra persona, es estar engañado y carente de los valores verdaderos del reino. Suponer que, solamente porque alguien tiene un empleo mejor que el promedio, Dios le favorece más que a otras personas o Dios está de su parte, es haber equivocado el significado de la vida misma. Una persona puede ser muy exitosa en el ámbito físico y aun así ser uno de los peores enemigos de Dios. El éxito material no equivale a éxito espiritual. Algunas veces ambas cosas coinciden, pero no siempre es ese el caso, y nunca debería suponerse.

Jesús recordó a sus discípulos, y a todos los demás que escuchaban, que ser bienaventurado en el reino de Dios significa aceptar intencionalmente una vida que es pobre en espíritu. La palabra griega traducida como "pobre" en este pasaje se refería a un mendigo en tiempos del Nuevo Testamento. Hacía referencia a alguien que pedía las sobras de la mesa de un hombre rico porque estaba totalmente desamparado (ver Lucas 16:19-31). Alguien que era pobre no podía ocuparse de sus propias necesidades básicas. No poseía los recursos físicos para alimentarse, vestirse o tener un hogar, de modo que dependía literalmente de la caridad para salir adelante. Era un mendigo. Si alguien no le ofrecía ayuda a un mendigo, especialmente en la época en la que Jesús enseñó, esa persona simplemente no podría vivir. Jesús no utiliza un término moderado para referirse a ser *pobre*. Utilizó el término más extremo posible para establecer su punto.

Su punto era que ser "pobre en espíritu" significa que una persona reconoce que no posee en su propia capacidad humana la habilidad para vivir la vida tal como el Creador quiso que se viviera. Una persona que es pobre en espíritu entiende que, si Dios no actúa con bondad y le da lo que necesita para vivir la vida como había de vivirse, morirá de hambre espiritualmente. Se marchitará y se secará espiritualmente.

Esa persona sabe que la palabra "nada" escrita en Juan 15:5, *separados de mí nada podéis hacer,* significa verdaderamente *nada.*

Jesús hablaba muy en serio aquel día cuando comenzó con una bendición sobre la pobreza espiritual. No estaba tan solo lanzando un pequeño sermón para hacer que la gente aplaudiera. Estaba dejando totalmente claro que, cuando se trata de vivir la vida como había de vivirse, la persona debe ser pobre en espíritu.

> **Una persona que es pobre en espíritu entiende que, si Dios no actúa con bondad y le da lo que necesita para vivir la vida como había de vivirse, morirá de hambre espiritualmente.**

Como personas, no poseemos la capacidad espiritual para abordar nuestras propias necesidades espirituales. El problema es que con frecuencia olvidamos o ignoramos eso. Le damos la vuelta y decimos: "Bienaventurados los ricos en espíritu" o los "fuertes de corazón". Aplaudimos la independencia, la seguridad en nosotros mismos, y algunas veces incluso el orgullo. Pero Jesús dice que, si es así como decidimos vivir, también podemos cambiar las consecuencias. En lugar de ser bienaventurados, estaremos viviendo en el ámbito de la oscuridad. Al situarnos a nosotros mismos en la posición de autoridad de Cristo y su gobierno en nuestra vida, estamos decidiendo soltar nuestra bendición.

El apóstol Pablo resumió este valor del reino de ser pobre en espíritu cuando escribió:

Si alguno piensa que tiene de qué confiar en la carne, yo más... Pero cuantas cosas eran para mí ganancia, las he estimado como pérdida por amor de Cristo. Y ciertamente, aun estimo todas las cosas como pérdida por la excelencia del conocimiento de Cristo Jesús, mi Señor, por amor del cual lo he perdido todo, y lo tengo por basura, para ganar a Cristo, y ser hallado en él, no teniendo mi propia justicia, que es por la ley, sino la que es por la fe de Cristo, la justicia que es de Dios por la fe. (Filipenses 3:4; 7-9)

El éxito material y personal de Pablo no era otra cosa sino basura cuando se comparaba con conocer a Jesucristo como Señor. Ese es un verdadero reflejo de un discípulo del reino que es pobre en espíritu. Pablo reconoció que no tenía ningún recurso propio cuando se trataba de vivir la vida espiritual exitosa. Si quería disfrutar de algún éxito espiritual, tendría que llegar por medio de su relación con Jesucristo y la justicia que fluiría hasta él sobre la base de la fe.

Ser pobre en espíritu es declararnos en bancarrota espiritual. En ocasiones, cuando una persona es incapaz de pagar lo que tiene, se declara en bancarrota. De modo similar, vivir según el valor del reino de ser pobre en espíritu llega por medio de reconocer nuestra insuficiencia para satisfacer lo que nos resulta necesario para prosperar espiritualmente.

Ahora bien, no es difícil reconocerlo si no podemos pagar las facturas; pero a la mayoría de nosotros nos resulta difícil entender que no tenemos lo necesario para llegar a fin de mes espiritualmente. No podemos proporcionar lo necesario para hacernos madurar espiritualmente, marcar un impacto, tener acceso a las bendiciones y prosperar en nuestra alma. Por desgracia, la mayoría de nosotros creemos que somos mucho más capaces de lo que realmente somos, y eso nos sitúa en el carrusel que no deja de dar vueltas en círculo de leer la Biblia, asistir a la iglesia, o marcar los puntos en nuestra lista de oración, solamente para descubrir que no estamos haciendo ningún progreso.

Pero Jesús no comenzó su sermón diciendo: "Bienaventurados los que marcan los puntos en su lista espiritual". No, comenzó diciendo: *Bienaventurados los pobres en espíritu, porque de ellos es el reino de los cielos.*

OBTENEMOS EL REINO

En el texto griego, la palabra traducida como "de ellos" está en una posición de énfasis. Eso significa que *de ellos* se refiere a quienes son pobres en espíritu, y a nadie más. Solamente los pobres en espíritu llegan a experimentar el reino de los cielos. Si usted no es pobre en espíritu porque es rico en seguridad en sí mismo, entonces no obtiene el reino de los cielos. Si usted no es pobre en espíritu porque confía demasiado en su posición, su poder o su prosperidad en la tierra, no obtiene el reino. Solamente quienes son pobres en espíritu obtienen el reino: sus beneficios, bendiciones, y experiencias en la tierra.

Si ha escuchado algo de lo que he dicho, o si ha leído alguno de mis libros, sabrá que estoy muy enfocado en el reino en mis estudios y enseñanzas. Creo que el hilo principal que recorre toda la Escritura es el reino de Dios y nuestra relación con él. La palabra griega traducida como "reino" es *basileia*. Se refiere a gobierno o autoridad. En cualquier reino hay solamente un gobernador supremo. Si hay dos personas que creen que son el gobernador supremo tendremos una guerra civil, porque el reino solamente puede ser gobernado por un solo rey.

En el reino de los cielos Dios es el rey, lo cual lo convierte en el gobernador. Nuestro papel es alinear nuestras vidas bajo su gobierno general. Lo que Jesús está enfatizando en este primer valor del reino es que, cuando hacemos eso, conectamos con la autoridad y el poder del reino, y obtenemos acceso al gobierno del reino en la tierra. Y, como Dios creó la tierra, su gobierno anula cualquier otro intento de estar al mando aquí.

Jesús lo resumió de este modo: *Estas cosas os he hablado para que en mí tengáis paz. En el mundo tendréis aflicción; pero confiad, yo he vencido al mundo* (Juan 16:33). ¿Cómo venció Jesús al mundo? Actuando desde un reino diferente. Y, cuando usted y yo somos pobres en espíritu, podemos vencer a este mundo y los problemas de este mundo, porque el poder dominante del reino de los cielos será accesible para nosotros.

En esta época parece cada vez más que este mundo está buscando dominar nuestras decisiones personales. Podemos sentir que el dominio absoluto del gobierno de la humanidad va entrando a hurtadillas. Pero Jesús dice que, si reconocemos que nuestra fortaleza espiritual y nuestras capacidades están arraigadas y cimentadas en Él, porque somos pobres en espíritu, entonces podremos vencer la multitud de cosas que parecen llegar a nuestras vidas.

Ya sea depresión, sentimientos de derrota, aislamiento, tristeza, o incluso una sensación de falta de dirección, cualquier cosa que sea, puede ser vencida. La vencemos por medio de Cristo en nosotros cuando reconocemos su suficiencia completa y total como Rey y Señor de todo. La tierra, este ámbito, puede que nos diga que no hay esperanza. La tierra tal vez nos dice que estaremos deprimidos o seremos un fracaso para el resto de nuestra vida. La tierra puede decirnos que no hay ningún futuro para nosotros. Pero lo que debemos recordar, si somos pobres en espíritu, es que la tierra no tiene la última palabra. Es Dios quien la tiene. Y, cualquier cosa que Satanás esté utilizando para intentar vencernos, Dios puede vencer eso cuando lo miramos a Él para que lo haga.

En la mayoría de las competencias deportivas gana la mayor puntuación, ya sea en fútbol, béisbol, básquet o tenis. Pero ese no es el caso en el golf. No podemos terminar un juego de golf y emocionarnos por haber obtenido el máximo de puntos. La puntuación más baja es la que gobierna en el campo de golf.

En el sistema de valores de nuestro mundo es la persona con los mayores galardones y elogios quien parece ganar. Las personas con el estatus más alto, los mayores ingresos o la mayor notoriedad parecen ganar.

Pero Jesús dice en este sermón que, mientras pensemos que somos la persona importante en este campo llamado tierra, no seremos el verdadero ganador. Porque, en el reino de los cielos, gana la puntuación más baja. Gana la humildad. Gana la bondad. Gana la persona misericordiosa. Gana el pobre en espíritu. La persona que entiende y reconoce que Jesucristo es la fuente y el sustentador de todas las cosas, es quien gana. Gana teniendo acceso a la autoridad del reino de los cielos en el caos de este mundo.

Leemos en 1 Pedro 5:6 estas palabras: *Humillaos, pues, bajo la poderosa mano de Dios, para que él os exalte cuando fuere tiempo.* Cuando usted y yo decidimos humillarnos delante de Dios, es Él quien entonces nos exalta cuando llegue el momento de hacerlo. Ahora bien, podemos humillarnos nosotros mismos, o Dios puede ayudarnos. A Dios no le importa ayudar a un hermano o una hermana cuando se trata de humillarse delante de Él. Él puede crear o permitir situaciones que no podemos solucionar en nuestra humanidad a pesar de cuánto dinero tengamos, o a cuántas personas conozcamos. No seremos capaces de huir de la situación. Incluso cuando pensemos que lo hemos solucionado, probablemente volverá a desmoronarse.

La Escritura en ocasiones se refiere a eso como "quebranto". El quebranto, también conocido como el desierto, es ese periodo o situación que Dios utiliza en la vida de un creyente para recordarle quién es Dios, y quién no es Dios.

En ocasiones, cuando Dios nos pone en una situación como esa para enseñarnos humildad y dependencia de Él, es parecido a las arenas movedizas: mientras más intentamos salir de ellas, más profundo nos hundimos. En tiempos como esos es cuando muchas personas comienzan a cuestionar a Dios y a preguntarse si Dios les aborrece o si está contra ellos. Pero, cuando Dios nos pone en una situación que no podemos solucionar, nos está haciendo un favor. Nos está mostrando nuestra insuficiencia para que así podamos ver actuar al reino de los cielos por nosotros.

Sé que puede ser un tipo de favor doloroso, y también puede ser incómodo. Pero, cuando Dios intenta conseguir que vivamos con el valor del reino de ser pobres en espíritu, es un favor divino. Porque, cuando conocemos lo suficiente como para declararnos en bancarrota espiritual, Él abre sus graneros de provisión para intervenir cuando más lo necesitamos.

Hay una manera muy clara de diferenciar entre quienes están viviendo de un modo autosuficiente espiritualmente y quienes han adoptado y aplicado el valor del reino de ser pobres en espíritu. Quienes son pobres en espíritu dan gracias en lugar de quejarse. Cuando la gratitud de una persona es más frecuente que sus quejas, eso significa que entiende el valor del reino de ser pobres en espíritu.

Tras el éxodo, los hijos de Israel experimentaron la separación de las aguas del Mar Rojo para que pudieran cruzar sobre tierra seca, pero poco tiempo después volvieron a quejarse por falta de agua en el desierto. Habían olvidado que el mismo Dios que puede separar las aguas puede proporcionar el agua. En lugar de mantenerse en un espíritu de gratitud, desarrollaron rápidamente un espíritu de queja. Cuando la queja marca a una persona, él o ella no es pobre en espíritu. Esa persona no depende totalmente de Dios ni confía en Dios para que supla sus necesidades.

¿Alguna vez ha estado sobre una báscula, pero no pudo manejar la verdad de la cifra que veía reflejada? Por lo tanto, se propuso solucionar eso. Se inclinó un poco hacia la derecha o se apoyó un poco sobre la pared, para restar algo de peso. Nos movemos porque no queremos que la báscula refleje la verdad de nuestro peso.

Hay muchos creyentes en la actualidad que no quieren ver la verdad de su pobreza espiritual, de modo que la camuflan con una fachada de cosas materiales, quizá una fachada de actividad religiosa, amistades, o incluso la familia, para nunca tener que enfrentar lo que Dios quiere que vean realmente: la verdad de su propia insuficiencia. Solamente al reconocer esta verdad y aplicarla a nuestras vidas, estaremos de camino a vivir en las bienaventuranzas del reino de los cielos.

8

LOS QUE LLORAN

Yo he tenido mi parte justa de lloro y tristeza. En un periodo de dos años perdí a siete familiares debido a varias enfermedades. He llegado a familiarizarme demasiado con lo que es llorar y lo que puede producir en el estado de nuestras emociones, pensamientos, e incluso nuestro enfoque. Cuando alguien llora, no lo hace por un momento. El lloro engloba la totalidad de ese tiempo o periodo. Podría no ser evidente en cada acción, pero se cierne como una nube o establece residencia como una neblina, afectando los movimientos de la vida.

Como pastor de una congregación grande, regularmente también camino con personas atravesando lo que parece ser algo más que su parte justa de lloro y tristeza. La tristeza se ha convertido en una parte de la vida para muchos de nosotros. Especialmente con el inicio de la pandemia global, se ha vuelto cada vez más difícil no encontrarse con alguien a quien conocemos y que esté batallando con una enfermedad grave o esté llorando por la pérdida de algún ser querido. Cada vez más personas han descubierto en este periodo de tristeza que dependemos por completo de Dios para satisfacer las necesidades de nuestra alma. Somos bienaventurados cuando reconocemos nuestra incapacidad espiritual, en particular cuando se relaciona con esta área de lloro, tristeza y pérdida.

Jesús habló del tema del lloro en su Sermón del Monte, pero lo que dijo podría sorprendernos. Cualquiera que ha llorado conoce los estragos que puede causar en nuestra capacidad de pensar con claridad, de operar plenamente, e incluso de seguir adelante algunos días. Yo estoy bastante seguro de que nadie considera el lloro una cosa positiva. La mayoría de nosotros vivimos con la esperanza de poder evitarlo de algún modo, pero Jesús habló de este proceso de una manera totalmente nueva, conectándolo con algo diferente a lo que podríamos esperar cuando escuchamos el término. Al estudiar su perspectiva del reino, eso nos capacitará a cada uno para alterar nuestra propia perspectiva de lo que significa llorar de una manera que dé gloria a Dios y nos haga bien a nosotros.

Leemos de su siguiente valor del reino: *Bienaventurados los que lloran, porque ellos recibirán consolación* (Mateo 5:4). Si cambiáramos esta afirmación expresándola en términos que utilizamos actualmente, podría decir: "Bienaventurados los que están tristes, los que están desalentados, porque ellos serán consolados". De cualquier modo que cambiemos los términos, sin embargo, la mayoría de las personas que lo oigan seguirían estando confusas por el modo en que las palabras *bienaventurados* y *lloran, tristes*, o incluso *desalentados* pueden aparecer juntas en la misma frase.

Después de todo, vivimos en una cultura basada en la diversión y el entretenimiento. La mayoría de nosotros queremos abrirnos paso entre cualquier tristeza o lloro que experimentemos. Preferimos abrirnos paso rápidamente para así no tener que soportarlo durante un periodo de tiempo, y eso se debe a que lo que ama nuestra sociedad es la risa. Se hace hincapié en la emoción, y con frecuencia se fomenta que cualquier forma de tristeza sea medicada enseguida. El disfrute se ha convertido en uno de nuestros ídolos de estreno.

Y, sin embargo, Jesús dice que somos bienaventurados o dichosos si lloramos. Somos consolados cuando lloramos. Ganamos espiritualmente cuando lloramos.

Pero ¿cómo puede ser eso? Si leemos esta afirmación sin más estudio, podría dejarnos confusos porque es totalmente contraria a lo que nuestra cultura impulsa y busca. Debido a eso, muchos de nosotros simplemente nos saltamos esta parte de su sermón sobre los valores del reino, de modo similar a como buscamos saltarnos cualquier proceso de lloro o lamento. Pero lo que quiero alentarnos a hacer es mirarlo más de cerca. Porque, cuando miramos el entorno contextual de la cultura en la cual habló Jesús, encontramos más de lo que parece a primera vista.

El pasaje de 2 Corintios 7:8-10 nos da más perspectiva sobre el pleno significado del lloro durante los tiempos en que Jesús caminó en la tierra. Llorar no solo se refiere a la pérdida de un ser querido, como tantas veces lo relacionamos en la actualidad. Tampoco se refiere solamente a llorar la pérdida de algo, como un sueño, una relación o un modo de vida. Llorar o estar de luto por algo conlleva sentir tristeza por ello.

Podría compararse a lo que atravesaron muchas personas, y muchas siguen atravesando, cuando llegó la pandemia. Muchos de nosotros lloramos la pérdida de aquello de lo que antes dependíamos como normalidad e incluso predictibilidad. Probablemente no lo llamaríamos lloro, pero esos son los sentimientos que muchos experimentaron ante los cambios repentinos. Se pospusieron bodas, se cancelaron vacaciones, y se evitó realizar fiestas de cumpleaños. Cada una de esas pérdidas, apiladas unas sobre otras, crearon un luto que sentimos en nuestro interior.

En ocasiones, se hacía referencia a esos sentimientos como "depresión por aislamiento social", pero, esencialmente, lloramos; estábamos de luto por la pérdida de la rutina. El lloro y la tristeza pueden rodear muchas cosas en nuestras vidas, no solo la muerte de un ser querido. Y, cuando ampliamos nuestros pensamientos sobre lo que significa el lloro, y también lo que puede producir en nosotros cuando cooperamos con el proceso espiritualmente, podemos comenzar a mirar otros pasajes en la Escritura que hablan a la tristeza. Podemos descubrir con más detalle a qué se refería Jesús cuando nos instó a todos nosotros a vivir con el valor del reino conocido como lloro.

TRISTEZA QUE PRODUCE ALGO

En tiempos bíblicos, el lloro se refería frecuentemente a la tristeza de una persona por su propio pecado personal, o el pecado colectivo de un cuerpo de individuos. Pablo hace eco de esta conexión del lloro con el pecado cuando escribe en 2 Corintios 7:8-10.

Porque aunque os contristé con la carta, no me pesa, aunque entonces lo lamenté; porque veo que aquella carta, aunque por algún tiempo, os contristó. Ahora me gozo, no porque hayáis sido contristados, sino porque fuisteis contristados para arrepentimiento; porque habéis sido contristados según Dios, para que ninguna pérdida padecieseis por nuestra parte. Porque la tristeza que es según Dios produce arrepentimiento para salvación, de que no hay que arrepentirse; pero la tristeza del mundo produce muerte.

En este pasaje, Pablo se refiere a una tristeza unida a la voluntad de Dios, no a una tristeza unida al mundo o a las circunstancias. Es una tristeza que conduce al arrepentimiento. Y eso, desde aquí, comienza a aclararnos de qué hablaba Jesús.

En la Biblia hay una sola cosa de la que se arrepiente una persona, y es el pecado. Por lo tanto, Pablo habla de una tristeza relacionada con la presencia de pecado en la vida de un creyente. Esencialmente, Jesús afirma que quienes están tristes por la presencia de pecado que actúa en sus vidas, serán bienaventurados. Otro modo de decirlo podría ser: "Bienaventurados los que están tristes hasta el punto de acudir a Dios y arrepentirse debido a la presencia y el impacto del pecado en sus vidas".

La tristeza del mundo llega unida a las consecuencias del pecado en la vida de una persona, y ocurre si la persona es cristiana o si no lo es. Nadie quiere las repercusiones negativas que llegan debido a malas decisiones. Es una tristeza natural que siente cualquiera que tenga que pagar las consecuencias de las malas decisiones que ha tomado. Pero no es ese el tipo de tristeza del que escribe Pablo.

Pablo se refiere a una tristeza que no es creada por las consecuencias; más bien, escribe de una tristeza creada por la causa en sí. En otras palabras, la tristeza es por el pecado que causó las consecuencias y simultáneamente entristeció el corazón de Dios. Esta es la tristeza o el lloro que puede producir bendición o dicha en la vida de una persona.

> Esencialmente, Jesús afirma que quienes están tristes por la presencia de pecado que actúa en sus vidas, serán bienaventurados.

Algo importante que necesitamos entender acerca de Dios es que uno de sus principales atributos y características es la santidad. Él es distintivamente santo. Santidad significa ser apartado. Dios existe separado del pecado. Para Dios, el pecado es similar a lo que la basura podrida es para nosotros. Nadie querría vivir en un entorno de basura podrida y maloliente ni pretender quedarse en ese lugar. No sería agradable porque apesta. Si hubiera basura apilada en cada habitación en nuestra casa, nos libraríamos de ella o buscaríamos otro lugar donde vivir, porque vivir con el olor de la basura, al igual que con lo que atrae la basura podrida, como ratas, hormigas, moscas, y demás, demostraría ser insalubre y un peligro para la salud. Inaceptable.

Por eso sacamos nuestra basura, para que pueda ser recogida y llevada a un basurero. Y, si vivimos en una zona que no tiene recogida de basura, probablemente tendremos un lugar donde la quemamos y la enterramos. Si usted es papá o mamá, probablemente ha instado a sus hijos a limpiar y ordenar su cuarto porque no quiere que vivan con desorden o basura. Ninguno de nosotros se deleita en convivir con basura, ya sea nuestra propia basura o la de otra persona.

Pero, cuando el pecado actúa en la vida de un creyente, él o ella le está pidiendo a Dios que conviva con basura. Le está diciendo que, aunque sabe que Cristo vive en su interior en la presencia del Espíritu Santo, no va a enfrentar o eliminar la suciedad del pecado en su vida. Básicamente, le está diciendo a Dios que se acostumbre al olor.

Cuando Jesús nos dio el valor del reino del lloro, nos estaba diciendo que somos bienaventurados o dichosos cuando tenemos angustia interior por la basura que hemos permitido en nuestras vidas. Somos bienaventurados cuando nos lamentamos por la basura permitida en el mundo. Somos bienaventurados cuando experimentamos tristeza por la basura de pecado que está presente en las vidas de quienes amamos y en otros creyentes en Cristo. Bienaventurado el que no se siente cómodo con la basura contaminada propia o la del mundo.

Actualmente tenemos una tragedia en nuestra cultura, y se encuentra en que cada vez más personas lloran y se lamentan menos por el pecado, si es que lo hacen alguna vez. Ponen excusas al pecado. Demoran el lidiar con el pecado. Llaman cualquier otra cosa aparte de pecado a los pensamientos y conductas pecaminosas. Aún peor, aplauden a los cabecillas y promotores de ideologías de pecado, acciones de pecado, y valores pecaminosos. Sabemos que las personas aborrecen menos el pecado ahora que nunca, o en mi tiempo de vida al menos, porque le prestan cada vez menos atención. Conductas que no deberían ser divertidas reciben risas en esta época. Cosas que harían sonrojar a Dios se consideran ahora bonitas y agradables.

Sin embargo, a pesar de nuestro cambio colectivo en nuestro modo de ver el pecado como cultura cristiana, Dios no ha cambiado. El pecado le sigue ofendiendo. El pecado le sigue entristeciendo. El pecado le produce pestilencia. Por lo tanto, aunque podamos reír o barrer el pecado debajo de la alfombra, Dios clama contra ello; y, si Dios está clamando y sin embargo nosotros no lo sentimos, eso significa que nos hemos alejado tanto de Dios, que ya no nos dolemos como Él se duele, ni sentimos lo que Él ve. En cambio, nos hemos acostumbrado a este mundo de oscuridad en lugar del reino de luz.

Nuestra distancia de Dios no llega sin consecuencias. La falta de comunión con Dios da como resultado una pérdida de bendición de Dios. En Dios no existe ninguna oscuridad; por lo tanto, si nos contentamos con permanecer en la oscuridad en lugar de ser purificados mediante el arrepentimiento y al alejarnos del pecado en nuestra vida, estamos decidiendo renunciar a las muchas bendiciones espirituales que Dios tiene para nosotros.

Ahora bien, no estoy sugiriendo que una persona no peca si él o ella es cristiana. Todos pecamos y estamos destituidos de la gloria de Dios (ver Romanos 3:23); pero, si usted camina en comunión con Dios, sentirá tristeza por su pecado. El pecado le causará angustia y dolor por diversas razones, pero una de las principales se debe a que ha roto su comunión íntima y cercana con Dios.

Cuando Jesús nos dice que somos bienaventurados cuando vivimos según el valor del reino del lloro, debemos entender que somos dichosos cuando reconocemos que nuestro pecado, o incluso el pecado en este mundo, ha herido el corazón de Dios. Cuando Jesús miró Jerusalén (ver Lucas 19:41), se dolió por el pecado de las personas de rechazarlo a Él y rechazar a Dios, el Padre que lo había enviado; se estaba doliendo por el estado de pecado de todo un grupo de personas. Obtenemos perspectiva en Lucas 13:34:

> *¡Jerusalén, Jerusalén, que matas a los profetas, y apedreas a los que te son enviados! ¡Cuántas veces quise juntar a tus hijos, como la gallina a sus polluelos debajo de sus alas, y no quisiste!*

Otras ocasiones que son registradas en la Escritura demuestran con claridad la relación entre lloro y pecado. A continuación tenemos algunas:

> *Y le dijo Jehová: Pasa por en medio de la ciudad, por en medio de Jerusalén, y ponles una señal en la frente a los hombres que gimen y que claman a causa de todas las abominaciones que se hacen en medio de ella.*   (Ezequiel 9:4)

> *Tuya es, Señor, la justicia, y nuestra la confusión de rostro, como en el día de hoy lleva todo hombre de Judá, los moradores de Jerusalén, y todo Israel, los de cerca y los de lejos, en todas las tierras adonde los has echado a causa de su rebelión con que se rebelaron contra ti. Oh Jehová, nuestra es la confusión de rostro, de nuestros reyes, de nuestros príncipes y de nuestros padres; porque contra ti pecamos.*   (Daniel 9:7-8)

Entonces dije: ¡Ay de mí! que soy muerto; porque siendo hombre inmundo de labios, y habitando en medio de pueblo que tiene labios inmundos, han visto mis ojos al Rey, Jehová de los ejércitos. (Isaías 6:5)

Ríos de agua descendieron de mis ojos, porque no guardaban tu ley. (Salmos 119:136)

Por eso pues, ahora, dice Jehová, convertíos a mí con todo vuestro corazón, con ayuno y lloro y lamento. Rasgad vuestro corazón, y no vuestros vestidos, y convertíos a Jehová vuestro Dios; porque misericordioso es y clemente, tardo para la ira y grande en misericordia, y que se duele del castigo. (Joel 2:12-13)

Pues me temo... que cuando vuelva, me humille Dios entre vosotros, y quizá tenga que llorar por muchos de los que antes han pecado, y no se han arrepentido de la inmundicia y fornicación y lascivia que han cometido. (2 Corintios 12:21)

¡Miserable de mí! ¿quién me librará de este cuerpo de muerte? (Romanos 7:24)

Las personas que están cerca de Dios lloran por su pecado; por lo tanto, si sus propios pecados o los pecados de este mundo son solamente un pitido en su radar y no le hacen sentir dolor, puedo asegurarle que usted no está cerca de Dios. Dios se duele por los pecados de sus hijos. Es muy fría la persona que, cuando ve a alguien a quien ama llorando, solamente dice: "Eso es difícil". Saber la angustia que causa nuestro pecado a Dios, y hasta donde llegó Él para cubrir nuestro pecado de modo que podamos ser justificados delante de Él mediante la sangre de Jesucristo, y después solamente encogernos de hombros ante eso, no es la marca de un verdadero discípulo del reino, sino que muestra que la persona carece de virtud del reino.

El pecado tampoco actúa solamente en nuestra propia vida, sino que también actúa en las vidas de otras personas. Nuestro pecado conlleva consecuencias. Los pecados que a menudo se aplauden en nuestra cultura también conllevan consecuencias. Ignorar esta realidad es ignorar a Dios y la verdad de su Palabra. Sin embargo, vivimos en una época en la que las personas no quieren escuchar la verdad. Solo quieren oír cuánto los ama Dios y cuánto les va a bendecir al darles un auto nuevo, una casa o un empleo nuevos. Pero lo que muchos han olvidado es que las bendiciones están unidas a la cercanía y la intimidad; y la intimidad está unida al estado de nuestro corazón. Llorar por el pecado en nuestra vida, o por el pecado colectivo en general en una cultura o en el cuerpo de Cristo, nos capacita para acercarnos más a Dios.

Entiendo que este no es un mensaje popular. Las personas quieren escuchar acerca de cosas felices y, como resultado, tendemos a reír ante el pecado o pasarlo por alto, incluso a justificarlo. Pero es nuestra negativa a arrepentirnos del pecado lo que hace daño al corazón de Dios. Y, con el tiempo, nuestras acciones que hacen daño al corazón de Dios también endurecen nuestro propio corazón.

¿Ha observado alguna vez que cuando peca en alguna área la primera vez, lo siente mucho más intensamente que después de haberlo hecho muchas veces? Su perspectiva cambia a medida que su corazón se endurece a la realidad del pecado en el que está participando. Jesús quiere recordarnos, al hacer hincapié en este valor del reino al inicio de su sermón, que el modo en que podemos ser bendecidos por Dios es vivir con un corazón que sea lo bastante blando y sensible para dolerse por el pecado. Él quiere que entendamos lo que nuestro pecado le hace a Dios y lo que hace para evitar que nos relacionemos con Dios de manera cercana e íntima.

Otro modo de describir este valor del reino del lloro es como *tristeza piadosa*. Sentimos tristeza porque sabemos que estamos causando que Dios también se entristezca.

EL ASPECTO POSITIVO DE SENTIRNOS MAL

No me malentienda. No estoy diciendo que no se requiere la risa en esta vida. La Biblia dice que un corazón alegre es como medicina para el alma (ver Proverbios 17:22). Solamente necesitamos mantenerlo en perspectiva. No querremos tener una sobredosis de alegría, y por eso la Biblia dice en Eclesiastés 7:2 que asistir a un funeral es mejor que asistir a una fiesta, porque en un funeral seremos guiados a pensar acerca de lo que realmente importa y acerca de tomar decisiones más sabias en la vida que aún nos queda en la tierra. Una fiesta meramente camufla lo que verdaderamente importa, pero un funeral nos fuerza a pensar, evaluar y considerar cómo estamos decidiendo emplear nuestro tiempo.

De modo similar, Jesús dice que necesitamos pensar, evaluar y considerar cómo decidimos pasar nuestro tiempo cuando se trata del pecado. ¿Lo menospreciamos? ¿Lo ocultamos? ¿Continuamos en él? ¿O reconocemos el daño que crea y lo hacemos de tal modo que nos alejaremos de él? El salmista David escribió sobre el impacto duradero del pecado sobre el alma en Salmos 32:3-5, que dice:

> *Mientras callé, se envejecieron mis huesos*
> *En mi gemir todo el día.*
> *Porque de día y de noche se agravó sobre mí tu mano;*
> *Se volvió mi verdor en sequedades de verano. Selah*
> *Mi pecado te declaré, y no encubrí mi iniquidad.*
> *Dije: Confesaré mis transgresiones a Jehová;*
> *Y tú perdonaste la maldad de mi pecado. Selah*

David nos dijo que, mientras no lidió con su pecado, vivió en un estado de inquietud; sin embargo, cuando lidió con ello bíblicamente, cuando se arrepintió (confesó y se alejó), todo el dolor y la angustia que estaba experimentando debido a todo eso se alejaron. Somos bienaventurados cuando reconocemos nuestro pecado y lo que le hace al corazón de Dios. Somos dichosos cuando respondemos confesando y arrepintiéndonos de nuestro pecado, de modo que podamos tener una comunión con Dios restaurada.

Sé que duele llorar. Créame que lo sé. Pero lo que Jesús nos asegura es que, si decidimos llorar y entristecernos por nuestro pecado y por el impacto que causa en nuestra relación con Dios, seremos consolados. Seremos perdonados. Seremos bendecidos. Por otro lado, negarnos a abordar nuestro pecado evita que nuestras oraciones sean escuchadas y respondidas (ver Salmos 66:18).

Cuando usted siente dolor en su cuerpo, acude a un médico para decirle lo que le sucede con la esperanza de que él o ella sabrá qué hacer para darle consuelo y recuperar su bienestar. Quiere que el médico cambie su situación. Decidir vivir según este valor del reino del lloro no es diferente. Bienaventurados quienes entienden que tienen dolor espiritual debido al pecado, y por eso acuden a Dios para que restaure su bienestar.

El hijo pródigo recibió consuelo del padre cuando regresó a su casa. Recibió perdón. Una de las razones es porque regresó a su padre arrepentido por lo que había hecho mal. No regresó presumiendo de su desobediencia y endurecido a causa de ella. Regresó en un estado de humildad, y fue bendecido por su padre como resultado.

Jesús dice que nosotros también seremos bienaventurados con el consuelo y el amor de Dios cuando regresemos a Él en un estado de humildad y lloro por nuestro pecado. Encontraremos el consuelo que necesitamos para sortear el caos que nos rodea cuando decidamos llamar al pecado lo que es: pecado. Encontraremos consuelo cuando respondamos a ello con la angustia de un corazón que busca honrar a Dios en todo lo que hace.

Somos bienaventurados cuando reconocemos nuestro pecado y lo que le hace al corazón de Dios. Somos dichosos cuando respondemos confesando y arrepintiéndonos de nuestro pecado, de modo que podamos tener una comunión con Dios restaurada.

Cuando un papá o una mamá cambia el pañal sucio de un niño que está llorando debido a la incomodidad que siente a causa de lo que ha hecho, las lágrimas del bebé se convierten en sonrisas cuando ese papá o mamá amoroso lo limpia, lo calma, lo carga y lo abraza. Igualmente, nuestro Padre celestial amoroso, que es el Dios de todo consuelo, envía al Espíritu Santo para cambiar nuestra tristeza en alegría cuando le permitimos que limpie nuestro caos de pecado.

La humildad, o ser pobres en espíritu, establece el fundamento para que después añadamos el valor del reino del lloro por el pecado en nuestra vida. Estos dos valores, cuando van unidos, abren la puerta hacia una mayor bendición, paz y bienestar. Nos sitúan en el camino para cumplir nuestro propósito espiritual personal.

9

LOS MANSOS

Me gustan los comerciales de la **NFL** (Liga Nacional de Fútbol) que muestran a jugadores bloqueando o derribando a alguien en el entrenamiento porque lo golpearon muy fuerte, lo cual va seguido por una escena en la que están comiendo sopa que su mamá les sirve. Estos hombres tan grandes y corpulentos que no aceptarán ningún caos en el campo de juego se vuelven mansos como corderitos cuando aparece su mamá. El jugador no ha perdido ni un ápice de su fuerza o su velocidad; no ha desaparecido su motivación ni su fuerza de voluntad. Nada de eso ha cambiado, pero ahora ha sujetado todo eso en sumisión a una autoridad mayor.

Cuando la mayoría de las personas escuchan el siguiente valor del reino que desarrollaremos en estas páginas, el de ser mansos, no les gusta. En especial a los hombres. Se debe a que, para muchas personas, mansedumbre significa debilidad; significa ser indeciso e insípido. La gente a menudo considera el llamado a vivir una vida de mansedumbre como un llamado al monacato o algo parecido. Creen que mansedumbre significa que no podemos tener voz, o ni siquiera tener opinión; que no podemos hablar desde el corazón o defender lo que creemos. Básicamente, para muchas personas ser manso significa vivir como si fueran un felpudo.

Pero esa definición de la palabra *manso* sería un insulto para Jesús, a quien se le llama manso en la Escritura. Ser manso no significa que la persona vive una vida blanda y sumisa, y que puede ser pisoteada por cualquier persona o cosa. Nada podría estar más lejos de la verdad. Lo que significa vivir el valor del reino de la mansedumbre es que la persona ha aprendido a vivir con su poder y fuerza bajo control.

Mansedumbre es sencillamente fuerza controlada.

Tengamos en mente que, cuando Jesús instó a sus seguidores a vivir una vida mansa, diciendo que eso produciría bendiciones (ver Mateo 5:5), lo hizo en un momento en el que los judíos estaban bajo el dominio romano. Los judíos eran oprimidos, y no querían otra cosa sino quitarse de encima a los romanos. Querían libertad del yugo del gobierno romano y buscaban un líder que pudiera conseguir eso.

Lo que muchas personas no entienden cuando leen el relato de la Biblia del juicio de Jesús delante de Pilato que preparó el escenario para nuestro primer capítulo, es que Pilato había ofrecido entregar a los judíos a Jesús o a Barrabás. El pueblo probablemente escogió a Barrabás porque era zelote; era parte de un grupo de insurgentes que intentaban derrocar militarmente el gobierno romano.

Cuando el pueblo pidió la liberación de Barrabás, no necesariamente estaba odiando a Jesús. Estaban demostrando que no les gustaba su método de liberarlos. Querían a alguien que utilizara el poder humano para derrotar a los romanos, y por eso escogieron a Barrabás y no a Jesús. Jesús era demasiado manso, o demasiado humilde, y ellos querían poder desatado y no poder bajo control.

Lo que ellos no entendían era que, para que el poder sea eficaz, tiene que estar bajo control. Usted no querría tener un médico que hiciera cirugía por radiación de láser para eliminar un tumor y que dirigiera la radiación a cualquier lugar de su cuerpo, o ni siquiera que la moviera. El poder desatado sin la sabiduría y los límites para utilizarlo mejor pocas veces logra el resultado deseado. La liberación verdadera tiene lugar cuando las personas ejercen poder bajo control de manera estratégica. Pero los judíos no entendieron eso cuando pidieron abiertamente la muerte de Jesús. Menospreciaron su mansedumbre como si fuera un obstáculo, no una ayuda.

La palabra griega traducida como "manso" o "humilde" es *praos*. Describe el balance necesario entre utilizar el poder y evitar la dureza y la crueldad. Era un término que se utilizaba normalmente con respecto a los animales domesticados. Si ha estado alguna vez en un circo, sabrá lo que es ver a algunos de los animales más fuertes, como los tigres, los osos o incluso los elefantes. Cuando un profesional entrena a esos animales, no arrebata su poder y su fuerza a los animales; más bien, los entrena para contener su fuerza en ciertas circunstancias.

El concepto de mansedumbre nunca se refiere a la pérdida de fuerza (como sufre Superman en presencia de la criptonita). La mansedumbre se refiere a domesticar el poder para que pueda estar rendido a las metas en general que hay por delante. Si alguna vez ha visto a un caballo salvaje que ha sido domesticado, habrá sido testigo de la mansedumbre. El caballo domesticado no ha perdido su fuerza; más bien, la fuerza del caballo ahora está bajo el control y la dirección del jinete que la dirige hacia donde necesita ir.

La verdadera grandeza requiere mansedumbre, fuerza bajo control, porque si no alineamos nuestros propios pensamientos, palabras y acciones con las metas generales, entonces no seremos capaces de alcanzar nuestro máximo potencial. Podemos identificar a alguien que carece de cualidades de carácter básicas, especialmente de mansedumbre, porque pierde el control con frecuencia. Se enoja rápidamente; habla sin freno; se enoja ante otros conductores o con personas que publican cosas en las redes sociales; algunas veces incluso lanza cosas al televisor. El caos que le rodea simplemente refleja el caos interior.

La mansedumbre, conocida también como humildad, es un valor muy importante por el cual vivir, y Proverbios 25:28 compara su carencia con una ciudad que está a punto de ser derribada por su enemigo: *Como ciudad derribada y sin muro es el hombre cuyo espíritu no tiene rienda.*

Sofonías 2:3 nos dice que debemos buscarla: *Buscad a Jehová todos los humildes de la tierra, los que pusisteis por obra su juicio; buscad justicia, buscad mansedumbre; quizá seréis guardados en el día del enojo de Jehová.*

Sofonías está escribiendo a quienes ya son conocidos como "los humildes de la tierra". Sin embargo, les dice que busquen más humildad, aconsejándolos que será un escudo de protección para ellos. Independientemente de la fuerza, la habilidad, el poder, la educación, la riqueza, o cualquier otra cosa, es la humildad lo que identifica a una persona como grande ante los ojos de Dios.

SUMISIÓN A DIOS

El valor del reino de la mansedumbre no tiene nada que ver con someterse a cualquiera y a todo el mundo que nos rodea. Tiene que ver con rendirnos a la autoridad legítima que hay sobre nosotros, la cual es Dios, y buscar alinear todo lo que pensamos, hacemos y decimos bajo el gobierno general de Dios en cada área de nuestra vida.

Uno de los mayores retos que tengo, cuando se trata de consejería como pastor, es el número abrumador de personas que no parecen dispuestas a someterse a la autoridad espiritual de Dios. Yo puedo explicar los principios bíblicos relevantes para cualquier cosa que la persona esté enfrentando, pero si esa persona no está dispuesta a aplicar esos principios espirituales, no tendrán ningún efecto. Cuando una persona decide vivir con un espíritu rebelde, también ha decidido cancelar la obra de Dios en su vida. La ausencia de humildad y de sumisión produce caos. La presencia de humildad y sumisión a Dios produce calma. De hecho, puede producir calma hasta tal grado, que puede "salvar" o santificar a individuos en medio de las luchas de la vida personales (ver Santiago 1:21).

Una persona mansa se postra delante de Dios para que pueda ser levantado entre los demás. La disposición del individuo de postrarse delante de Dios es donde puede encontrarse en un mayor poder. Los jugadores más corpulentos en cualquier equipo de fútbol americano son los que forman la línea ofensiva. Son los más fornidos, los más fuertes y los más feroces. Pero, si observamos, también hay otros que tienen que llegar hasta la posición más baja cuando es momento de hacer una jugada. La razón por la que se agachan tanto y clavan sus nudillos en la tierra es para tener ventaja. Al hacerlo, tienen acceso a una mayor fuerza.

Nuestra cultura ha entendido mal la mansedumbre, pensando que se refiere a algo que no es. Es una decisión estratégica y un modo de actuar que nos da la mayor ventaja en la vida. Mientras más grandes seamos según los estándares del mundo, más mansos deberíamos ser. Mientras más grande sea nuestra cuenta bancaria, más mansos deberíamos ser. Mientras más amplios sean nuestra influencia y nuestro alcance, más humildes deberíamos ser. Por desgracia, parece que sucede lo contrario. Con una mayor notoriedad se produce a menudo una mayor pérdida de control personal.

La presa Hoover produce energía para California, Nevada y Arizona. Es poder concentrado bajo control. Debido a eso, puede producir energía para los tres estados. Pero, si alguna vez soltáramos esa agua, produciría un desastre en las zonas mismas que estaba destinada a ayudar. Cuando el poder se desata sin control, es un tsunami. Es un torrente de caos que barre la tierra, destruyendo todo lo que encuentra en su camino.

Todos hemos visto a personas en las noticias o en algún otro lugar que parecen haber pedido perdido todo el control, y eso es suficiente para hacernos pensar que se volvieron locos. Están haciendo cosas que no caben en la lógica, y eso se debe a que han perdido la capacidad de controlar, o han escogido no controlar, su propia fuerza vital, el poder que tienen en su interior.

Vivir con el valor de la mansedumbre se traduce en una vida con el valor del dominio propio. No podemos tener una cosa sin la otra. Cuando usted y yo sometemos nuestras vidas a Jesucristo, hemos de rendir nuestros dones, habilidades, talentos y fuerza personal bajo la autoridad de Dios. La mayor parte del caos que estamos enfrentando hoy día en hogares, comunidades, iglesias, y la cultura, se debe simplemente a la falta de dominio propio y rendición personal a la autoridad legítima del gobierno de Dios.

Mansedumbre no es debilidad. Las pasiones y los deseos descontrolados, y el pecado, son debilidad. Lo que Dios bendice es la mansedumbre o humildad. Mateo 5:5 lo expresa así: *Bienaventurados los mansos, porque recibirán la tierra por heredad.* Descubrimos más acerca de lo que significa heredar la tierra cuando leemos otro pasaje que se encuentra en el Salmo 37. Por todo este salmo hay referencias a heredar la tierra o recibir la bendición de la provisión de Dios.

El salmista comienza advirtiéndonos que no nos frustremos o nos inquietemos cuando veamos prosperar a personas malvadas. Escribe: *No te impacientes a causa de los malignos, ni tengas envidia de los que hacen iniquidad. Porque como hierba serán pronto cortados, y como la hierba verde se secarán* (vv. 1-2). Al inicio de este pasaje se nos recuerda que, lo que vemos que tiene lugar físicamente, no es siempre el desenlace de Dios; es un paso en el proceso de la derrota definitiva de la maldad por parte de Dios. Quienes aprenden a mantenerse controlados y viven según sus valores del reino experimentarán una mayor provisión de sus bendiciones en sus vidas a medida que Él lleva a cabo su voluntad en la tierra.

Pues de aquí a poco no existirá el malo; observarás su lugar, y no estará allí. Pero los mansos heredarán la tierra, y se recrearán con abundancia de paz. (vv. 10-11)

Porque los benditos de él heredarán la tierra; y los malditos de él serán destruidos. (v. 22)

Espera en Jehová, y guarda su camino, y él te exaltará para heredar la tierra; cuando sean destruidos los pecadores, lo verás. (v. 34)

Considera al íntegro, y mira al justo; porque hay un final dichoso para el hombre de paz. Mas los transgresores serán todos a una destruidos; la posteridad de los impíos será extinguida. Pero la salvación de los justos es de Jehová, y él es su fortaleza en el tiempo de la angustia. Jehová los ayudará y los librará; los libertará de los impíos, y los salvará, por cuanto en él esperaron. (vv. 37-40)

> **Mansedumbre no es debilidad. Las pasiones y los deseos descontrolados, y el pecado, son debilidad. Lo que Dios bendice es la mansedumbre o humildad.**

NUESTRA HERENCIA EN CRISTO

Cuando Jesús dice a sus seguidores en la era del Nuevo Testamento que ellos "heredarán la tierra" cuando sean mansos, ellos saben exactamente de qué está hablando. Tenían presente en sus mentes la historia del Antiguo Testamento y de aquellos que fueron antes de ellos. Estos versículos que se encuentran en el Salmo 37 son solamente algunas de las muchas referencias a que los israelitas heredarán la tierra, según las promesas de Dios, cuando deciden vivir en consonancia con su voluntad. Era la "tierra prometida" que Dios había dicho que les daría. Él había asignado una parte para quienes fueran mansos, humildes, y estuvieran dispuestos a someterse a su autoridad legítima.

La razón principal por la que la primera generación de israelitas que habían sido liberados de la cautividad en Egipto no llegó a la tierra prometida fue su negativa a ser mansos. No querían someterse a la autoridad legítima de Dios, o a la autoridad legítima de Moisés, a quien Dios había designado como su líder. La negativa de los israelitas a rendirse a la autoridad legítima canceló su capacidad de entrar y disfrutar de las promesas que Dios tenía preparadas para ellos. La ausencia de este valor del reino conocido como mansedumbre evitó que entraran en lo que el Salmo 37 dice que es una tierra de promesa.

Cada creyente que está leyendo este libro tiene una parte asignada. Se refiere al propósito y al destino que Dios ha determinado darle.

Efesios 1:3 afirma que Dios, que no está limitado por el tiempo o el espacio, ya ha decidido nuestra bendición: *Bendito sea el Dios y Padre de nuestro Señor Jesucristo, que nos bendijo con toda bendición espiritual en los lugares celestiales en Cristo.*

Dios ya ha hecho todo lo que va a hacer nunca por nosotros. Sé que es difícil entender eso con nuestra mente, pero este pasaje revela que Él ya nos ha "bendecido" con toda bendición potencial que se encuentra en el ámbito espiritual. No tenemos que decir: "Señor, bendíceme". Ya hemos sido bendecidos. El problema es que quizá no siempre reconocemos o caminamos en las bendiciones preparadas para nosotros debido a nuestra falta de fe, nuestra dureza de corazón o nuestro pecado.

Dios ha dejado en depósito multitud de promesas para nosotros, para que las heredemos cuando vivamos según sus valores del reino. Sabemos que uno de esos valores es vivir según su verdad revelada. Ese es el fundamento. Al descansar sobre ese fundamento encontramos el importante valor de la mansedumbre o humildad. Cuando vivimos según los principios de lo que significa ser mansos, heredaremos la parte que Dios tiene para nosotros.

Cualquiera que decida situarse bajo el control de Cristo y su señorío recibirá las promesas que Él ha preparado para esa persona. La mansedumbre es como una llave que abre la puerta de nuestro destino. Cuando vivamos según este valor del reino heredaremos la tierra, obtendremos la tierra prometida, y también tendremos acceso a lo que Dios ha autorizado que tengamos.

Muchos de nosotros hemos estado esperando por años lo que Dios ya ha preparado para darnos. Muchos han estado orando por años por lo que Dios podría darles en este momento, pero su propia negativa a vivir humildemente según los preceptos y los principios de la mansedumbre es lo que evita que tengan acceso a lo que desean tan desesperadamente.

Con demasiada frecuencia el enemigo no es exterior, sino interior. La negativa a ser mansos evitará que lleguemos a la expresión y la experiencia plenas de la provisión espiritual de Dios en nuestra vida.

Voy a describirlo comparándolo con distintos bancos. Digamos que usted trabaja con el Banco de Comercio. Es ahí donde deposita su dinero para tener acceso a él cuando lo decida. Ahora bien, si usted fuera a otro banco, el Banco de Garantía, y pidiera su dinero, ellos le mirarían con una expresión extraña y se negarían, porque usted no ha depositado nada en ese banco. Acudió al banco equivocado. Y, si usted tomara un documento para retirar dinero del Banco de Garantía y lo presentara en su Banco de Comercio, tampoco lo aceptarían. La razón es obvia: ese documento de retirada de dinero no tiene autorización para ser efectivo en ese banco.

De modo parecido, si usted quiere tener un matrimonio mejor, una carrera profesional mejor, más paz o más alegría, cualquier cosa que esté buscando espiritualmente, debe acudir a la Fuente correcta y pedirle que le conceda sus bendiciones. Y debe presentar el documento correcto de retirada: un estilo de vida basado en sus valores del reino.

Yo tengo un testamento, y mis cuatro hijos se mencionan en mi testamento, que detalla quién recibirá qué cuando llegue el momento de que yo me vaya. Es un testamento bastante estándar. Pero yo también tengo algo que quizá podría no ser tan estándar en mi testamento. Es una cláusula, y esa cláusula afirma que, si alguno de mis hijos está actuando con necedad, pierde su herencia. Es mi testamento, de modo que soy yo quien establece las normas.

Ahora bien, no me refiero a que alguno de mis hijos esté teniendo dificultades o problemas, ya que eso llega como parte de la vida. Sin embargo, me refiero a que, si cualquiera de ellos adopta un estilo de vida impío y del que no se arrepiente, y que es claramente evidente para todos aquellos que lo rodean, entonces pierde su herencia. No es que yo no lo ame. En realidad, esa cláusula existe porque los amo. Principalmente porque no querría financiar un estilo de vida en el que mis hijos estuvieran desperdiciando lo que Dios les ha dado: un estilo de vida de derrota personal. No querría que los recursos que yo les he dejado se utilizaran para tener hábitos con drogas o para facilitar cualquier otra conducta negativa. En otras palabras, su herencia está conectada a su sumisión al gobierno de Dios en sus vidas.

Muchos de nosotros hemos demorado nuestra herencia espiritual. Nos hemos separado de las bendiciones espirituales decretadas ya para nosotros al negarnos a someternos a la autoridad legítima de Dios en nuestras vidas, y también a las autoridades legítimas que Él ha puesto sobre nosotros. Si tan solo pudiéramos ver cuánto daño nos estamos haciendo a nosotros mismos con esas decisiones que son contrarias al lugar legítimo de Dios en nuestras vidas, quizá lo pensaríamos dos veces. Y no estoy hablando solamente de lo más obvio. Hay muchas virtudes del reino, como la integridad, la excelencia, el gozo, la bondad y el servicio, sobre las que pasamos por encima como si no fueran importantes en la cultura actual. Y eso mismo está apareciendo en palabras y conductas hacia otros que no son propias de Cristo.

La buena noticia es que, si vivimos en consonancia con los valores del reino de Dios, entonces recibimos nuestra parte asignada de bendiciones espirituales, provisiones y propósito. No tenemos que luchar por ello. No tenemos que maniobrar, hacer política, manipular o empujar a personas para conseguirlo. Y tampoco tenemos que suplicarlo. Es nuestro cuando nos humillamos delante de Él según su voluntad y su camino. Jesús dijo: *Bienaventurados los mansos, porque ellos recibirán la tierra por heredad* (Mateo 5:5).

El salmista escribe en el Salmo 73 que no debemos tener envidia de los malvados cuando los veamos prosperar. Sin embargo, es fácil envidiar, especialmente cuando vemos a personas malas que aparentemente no solo consiguen lo que quieren, sino que también se benefician de ello. Pero el salmista nos recuerda que las cartas se voltearán. Escribe en los versículos 17-20 acerca de su fatídico final:

Hasta que entrando en el santuario de Dios,
Comprendí el fin de ellos.
Ciertamente los has puesto en deslizaderos;
En asolamientos los harás caer.
¡Cómo han sido asolados de repente!
Perecieron, se consumieron de terrores.
Como sueño del que despierta,
Así, Señor, cuando despertares, menospreciarás su apariencia.

Podría parecer que vivir con valores del reino no nos lleva a ninguna parte en esta vida. Podría parecer que quienes lanzan por la ventana la moralidad son quienes prosperan. Pero nunca debemos tener envidia de los malvados. Las cosas no son siempre lo que parecen. De hecho, Dios a menudo utilizará al enemigo para preparar y amontonar riquezas para los justos; tomará su beneficio y lo trasladará a los justos a su debido tiempo (ver Proverbios 13:22).

> Si vivimos en consonancia con los valores del reino de Dios, entonces recibimos nuestra parte asignada de bendiciones espirituales, provisiones y propósito. No tenemos que luchar por ello. No tenemos que maniobrar, hacer política, manipular o empujar a personas para conseguirlo. Y tampoco tenemos que suplicarlo. Es nuestro cuando nos humillamos delante de Él según su voluntad y su camino.

Por eso la Escritura nos insta a buscar primeramente el reino de Dios (Mateo 6:33). Cuando buscamos el reino de Dios y su agenda para que sean manifestados en nuestras vidas en primer lugar, Él nos dice que "todas estas cosas nos serán añadidas".

Una de las cosas más emocionantes en la vida es ver cómo Dios actúa por nosotros, cuando nosotros no teníamos idea de cómo sería posible hacer eso. No hay nada que se le parezca. Pero esa no es una experiencia que todo el mundo llega a tener, porque pertenece a los mansos y humildes. Pertenece a quienes se humillan delante de Dios y ponen sus vidas en consonancia con su gobierno. Está reservada para quienes están comprometidos con Cristo y con la voluntad de Dios.

Dios tiene una parte asignada para usted. Y, aunque las circunstancias en su vida podrían haber demorado que reciba esa parte, hay cosas que usted puede hacer en este momento para abrir camino a sus bendiciones y su favor. Él tiene una herencia espiritual para que usted la experimente en este momento, pero no si vive en rebelión espiritual. Vivir contrariamente a las expresiones de las virtudes del reino en su vida es vivir en un espíritu de rebelión. Dios le ha creado y llamado para expresar su imagen a un mundo que lo necesita. Usted hace eso modelando el corazón de Dios delante de otros.

Moisés es un ejemplo estupendo de mansedumbre. Se le llama el hombre más manso de la tierra en Números 12:3. Tengamos en mente que ser manso no es ser débil. Moisés es el hombre que acudió delante de faraón y le ordenó que dejara ir a su pueblo. Es el mismo hombre que levantó su vara para que las aguas del Mar Rojo se separaran y el pueblo pudiera cruzar por tierra seca. Moisés no era débil; era manso.

Estaba dispuesto a dar un paso y ayudar a los demás, pero también sabía que, cuando se trataba de sus propias batallas, Dios pelearía por él como hizo con David cuando se enfrentó a Goliat. Vemos un ejemplo de esto cuando los hermanos de Moisés, Miriam y Aarón, se molestaron con él porque se casó con una mujer cusita. Su matrimonio con aquella mujer cusita desató un conflicto en el hogar debido a varias razones. Una de ellas era que fue un matrimonio interracial, y Miriam y Aarón no lo aprobaron. Otra era que la esposa de Moisés tendría ahora más influencia sobre él de la que tenía Miriam, de modo que había una batalla por la influencia.

Moisés sabía que su familia estaba molesta con él porque no solo se lo dijeron, sino que también se lo dijeron a todos los que les rodeaban (ver Números 12:1-2). Ellos lo confrontaron, y también confrontaron a otras personas con respecto a él. En terminología actual, lanzaron a Moisés a los pies de los caballos. Pero, en lugar de participar en un debate familiar que estaría lleno de gritos y malas palabras, Moisés supo en cambio a quién acudir: a Dios. Vemos eso en el versículo 3, que dice: *Y aquel varón Moisés era muy manso, más que todos los hombres que había sobre la tierra.* No leemos nada de la respuesta de Moisés aparte de que él era humilde.

Lo que sucede después es lo que ocurre cuando le confiamos a Dios nuestra defensa. Leemos que Dios llamó a los tres a acudir delante de Él para confrontarlos. Unos versículos más adelante leemos lo que sucedió: *Entonces la ira de Jehová se encendió contra ellos; y se fue. Y la nube se apartó del tabernáculo, y he aquí que María estaba leprosa como la nieve; y miró Aarón a María, y he aquí que estaba leprosa* (vv. 9-10). Aarón reconoció la necedad de lo que habían hecho y pidió a Moisés que los perdonara y que no se lo echara en cara.

Las personas mansas pueden pelear por otras personas para defenderlas, liberarlas o ayudarlas, pero no tienen que pelear por sí mismas. Dios es quien hace eso. Recordará que Jesús se molestó tanto con lo que los cambistas de dinero estaban haciendo en el templo, que volcó las mesas; peleó por aquellos de quienes el grupo de avariciosos que tenía el control se había aprovechado. Sin embargo, cuando colgaba de la cruz, miró solamente a Dios. No abrió su boca. Se había entregado al Padre, quien gobierna sobre todo. Como vemos más adelante, Él fue resucitado de los muertos, venciendo el plan del enemigo para derrotarlo.

Vivir con el valor del reino de la mansedumbre o la humildad invita a Dios a la ecuación; invita a Dios a ejercer su justicia en la situación. Pero solamente llegaremos a ver a Dios intervenir si somos mansos. Cuando nos sometemos a la autoridad legítima a la que Dios nos ha asignado, Dios interviene cuando más lo necesitamos.

Ya ha pasado algún tiempo, pero en una ocasión me quedé detenido a un lado de la carretera. Mi auto se había averiado mientras iba de camino hacia el sur de Dallas para hablar en una conferencia. Por lo tanto, llamé al teléfono de averías. Poco tiempo después apareció un representante de la compañía. Engancharon mi auto a su grúa con un arnés y lo levantaron. Yo me subí entonces al camión para ir con el conductor mientras él llevaba mi auto al taller para ser reparado.

Mi auto no habría sido reparado, y yo me habría quedado allí detenido, si no hubiera estado dispuesto a someterme al arnés de aquel enviado para ayudarme. Insistir en hacer las cosas a mi manera no me habría llevado a ninguna parte. Vivir con el valor del reino de la mansedumbre nos permite reconocer que no siempre sabemos lo que es mejor hacer, y que tampoco tenemos acceso siempre a lo que puede liberarnos. Pero, si permitimos que nos pongan el arnés, lo que la Biblia llama estar "en yugo" con Jesucristo, Él hará que nuestra carga sea ligera y fácil. Él nos ayudará a llegar donde necesitamos ir para que no terminemos detenidos en esta autopista llamada vida.

10

HAMBRE DE JUSTICIA

Uno de los asuntos que determina el resultado de cualquier competencia deportiva, y especialmente del fútbol, es el hambre. El hambre con frecuencia decide el resultado. ¿Qué tanta hambre de victoria tiene cada equipo? ¿Con cuántas ganas la quieren? El papel que juega el hambre es el motivo por el cual en raras ocasiones veremos repeticiones consecutivas de enfrentamientos en el Super Bowl porque, a menudo, cuando se logra una victoria de esa magnitud, el hambre de volver a lograrla disminuye.

El hambre dicta la acción, y la acción produce resultados. Sin hambre, un deportista puede volverse perezoso. Él o ella puede saltarse los entrenamientos o hacer trampas en las repeticiones de los ejercicios. Sin hambre, un deportista puede perder el enfoque. La ostentación, el glamur y el dinero que llegan con un éxito en el pasado, a menudo hacen más daño al éxito futuro de un deportista o un equipo del que podría hacer cualquier oponente.

El hambre ayuda a motivar a la persona a esforzarse más, redoblar esfuerzos, y perseguir su meta con más pasión. El hambre nos ayuda a ganar.

Por eso, cuando llegamos al siguiente valor del reino en el Sermón del Monte de Jesús, no debería sorprendernos que Él utilice una frase que resulta familiar. Al intentar crear una correlación que pudiéramos entender fácilmente, Jesús dijo que somos bienaventurados o dichosos cuando tenemos hambre y sed. Ahora bien, no se refería a tener hambre y sed de comida y bebida. Más bien dijo: *Bienaventurados los que tienen hambre y sed de justicia, porque ellos serán saciados* (Mateo 5:6).

Quienes viven con el valor del reino de desear los caminos de Dios, sus reglas y sus estándares de justicia, experimentarán saciedad.

Para un médico, el apetito es uno de los mayores indicadores de salud. Un mal apetito regularmente es un indicador de un problema más profundo. Por eso, una de las primeras preguntas que hará un médico o un enfermero cuando visitamos su consulta es cómo está nuestro apetito. De modo similar, el apetito espiritual es uno de los mejores indicadores para Dios de cómo está nuestra salud espiritual. Si no tenemos ningún apetito de Él y de su verdad o sus valores, entonces estamos revelando una falta de necesidad de Él y de conexión con Él. Este valor del reino en particular es fácil de detectar. La frase "hambre y sed" denota un deseo apasionado impulsado por un anhelo profundo, y produce acciones que son reconocibles.

Vivimos en un tiempo en el que la mayoría de nosotros no tiene que preocuparse por tener hambre por mucho tiempo. El acceso a la comida en el mundo occidental está repleto. Claro que podríamos sentirnos incómodos por el tiempo que nos toma ir a un supermercado o a un restaurante, pero muy pocos conocemos el hambre física genuina.

No era así en los tiempos bíblicos, cuando no había refrigeradores ni congeladores. Las personas tenían que apresurarse a conseguir alimentos día tras día porque normalmente no podían conservarse por mucho tiempo. Además, la preparación de los alimentos era con frecuencia laboriosa y tomaba mucho tiempo. Las personas no necesariamente tomaban refrigerios todo el tiempo, como muchos nos hemos acostumbrado a hacer hoy día. Ellos no podían simplemente despertarse en mitad de la noche y acudir al refrigerador o a la despensa para comer algo rápido. Las comidas tenían horas establecidas, y las sobras no estaban ahí por mucho tiempo. Debido al consumo, el deterioro, la necesidad de alimentar al ganado, o por alguna otra razón, no había muchas sobras. Se desperdicia muy poco cuando se tiene poco. Muchos de los que vivían cuando Jesús pronunció estas palabras sabían exactamente lo que era tener hambre. Sabían lo que era tener sed. Sabían lo que era haber pasado un largo periodo de tiempo sin el alimento que necesitaban.

El hambre genuina puede ser también tan profunda y prolongada que, literalmente, hace daño, manteniendo despierto toda la noche a quien la sufre. Este es el hambre y la sed de los que Jesús hablaba. Nos dijo en este valor del reino que somos dichosos si tenemos este tipo de hambre y sed de justicia. Somos bienaventurados cuando deseamos apasionadamente la justicia y la perseguimos con anhelo, cuando conocemos verdaderamente nuestra necesidad de justicia y llevamos a cabo las acciones necesarias para alimentarla. Este es el hambre y la sed de los que Jesús hablaba. Son la misma hambre y la misma sed a las que la Escritura hace referencia frecuentemente. Leemos muchas veces de esta hambre:

> *Quebrantada está mi alma de desear tus juicios en todo tiempo.*   (Salmos 119:20)

> *Como el ciervo brama por las corrientes de las aguas, así clama por ti, oh Dios, el alma mía.*   (Salmos 42:1)

Dios, Dios mío eres tú; de madrugada te buscaré; mi alma tiene sed de ti, mi carne te anhela, en tierra seca y árida donde no hay aguas.   (Salmos 63:1)

También en el camino de tus juicios, oh Jehová, te hemos esperado; tu nombre y tu memoria son el deseo de nuestra alma. Con mi alma te he deseado en la noche, y en tanto que me dure el espíritu dentro de mí, madrugaré a buscarte; porque luego que hay juicios tuyos en la tierra, los moradores del mundo aprenden justicia.   (Isaías 26:8-9)

A fin de conocerle, y el poder de su resurrección, y la participación de sus padecimientos, llegando a ser semejante a él en su muerte.   (Filipenses 3:10)

Desead, como niños recién nacidos, la leche espiritual no adulterada, para que por ella crezcáis para salvación.
(1 Pedro 2:2)

Y te afligió, y te hizo tener hambre, y te sustentó con maná, comida que no conocías tú, ni tus padres la habían conocido, para hacerte saber que no solo de pan vivirá el hombre, mas de todo lo que sale de la boca de Jehová vivirá el hombre.
(Deuteronomio 8:3)

En estos versículos existe un rasgo común que aparece entre los grandes hombres y mujeres de la Escritura, y es esa hambre y sed de Dios. Son apasionados en su búsqueda de Dios; están prendidos por encontrarlo a Él y experimentarlo en un nivel más profundo. El gran anhelo de su corazón se hace eco de la petición de Moisés: *Te ruego que me muestres tu gloria* (Éxodo 33:18).

Una de las razones por las que muchos de nosotros experimentamos tan poco de Dios es que no tenemos hambre. Las personas que tienen hambre harán todo lo que esté en sus manos para localizar algo de comida, y no pensarán en ninguna otra cosa. Las personas que tienen hambre y sed eliminarán distracciones y recortarán diversiones a fin de poder encontrar algo para comer o beber. Están desesperadas por algo que les sacie. Lo necesitan; lo anhelan.

Una de las maneras en que viajo cuando estoy en la Costa Este es en tren, particularmente si estoy viajando entre ciudades grandes. Me subo a un tren, y en unas pocas horas estoy en mi destino. Si usted ha viajado en tren alguna vez, probablemente haya observado que el precio de la comida es más elevado que en cualquier otro lugar. En un tren nos cobrarán una cantidad desmedida; tanto como diez dólares por un *hot dog* u ocho dólares por un refresco. Podríamos pagar hasta cinco dólares por una bolsa pequeña de papas fritas.

Han decidido cobrarnos tanto en el tren porque saben que no podemos ir a ningún otro lugar; no tenemos ninguna otra opción. Nadie se bajará del tren para conseguir comida y después volverá a subir. El único lugar donde se puede comer durante el viaje es el tren, de modo que se valoran a sí mismos como si fueran el único restaurante de la ciudad.

Está claro que los pasajeros podrían decir que simplemente no pagarán esa cantidad en un tren, y no apoyarán un modelo de negocio basado en la extorsión. Pero eso depende realmente del hambre que tengan, o del hambre que les dé mientras el tren sigue avanzando. Porque, si tienen el hambre suficiente, ni el precio ni sus principios les prohibirán que compren los alimentos que quieren.

Cuando mis hermanos y yo nos quejábamos de algo que mi mamá estaba cocinando y no queríamos comerlo, ella solía decirnos que simplemente no teníamos el hambre suficiente. Nosotros nos excusábamos para levantarnos de la mesa e ir a otro lugar en la casa, solamente para oírle a ella decir: "Regresarán. Cuando tengan el hambre suficiente, estarán aquí". Es porque mi mamá sabía, como saben muchas mamás, que las personas que realmente tienen hambre no ponen tantos inconvenientes. Necesitan comida, y no dejarán que sus preferencias personales eviten que adquieran la nutrición y el sustento que saciará las necesidades de su cuerpo.

La mayoría de los cristianos solamente quieren mordisquear la comida espiritual. Solía suceder que los mensajes de los domingos podrían ser una comida completa, con la cual muchos cristianos intentaban sobrevivir el resto de la semana. Pero en estos tiempos, con gran parte de la adoración dominical centrada más en la predicación o las canciones de celebridades, ni siquiera obtenemos una comida completa. Podríamos obtener unos bocados aquí o allá, pero es un aperitivo, en el mejor de los casos. Ahora, una comida el domingo nunca lograría saciar a nadie durante una semana completa, y mucho menos un aperitivo dominical. Si alguien intentara vivir de esa manera en el ámbito físico, bien podría estar muerto al domingo siguiente. La nutrición requiere regularidad.

Cuando Jesús habla de nuestro valor del reino que conlleva una búsqueda apasionada de justicia, está indicando que es una prioridad continuada. No está hablando acerca de un versículo al día que mantiene lejos al diablo. Tampoco de abrir una aplicación de la Biblia y mirar algunos versículos, o de escuchar un *podcast* por unos minutos mientras manejamos en el auto. Si una persona buscara la comida de ese modo, él o ella estaría malnutrido en poco tiempo. Cuando Jesús habla de quienes tienen hambre y sed de justicia, se refiere a personas que eliminan las distracciones y los excesos en la vida que no contribuyen a su búsqueda de Dios. No echan un vistazo a varios menús; miran a Dios y lo anhelan.

De la misma manera que nuestro cuerpo físico necesita comida para sobrevivir, nuestra alma necesita justicia para sobrevivir. La justicia no es algo hermoso para añadirlo a un lado como guarnición; es una necesidad para la vida. Todos entendemos que, si pasamos el tiempo suficiente sin comida ni agua, moriremos. El cuerpo está diseñado para trabajar con el combustible de comida y agua. El cuerpo los demanda.

De modo similar, la vida espiritual demanda justicia para funcionar como fue diseñada para funcionar. La Biblia llama al ser espiritual la "naturaleza divina" (ver 2 Pedro 1:4). La justicia es el nutriente que Dios provee para nuestra naturaleza divina.

Cuando Jesús habla de quienes tienen hambre y sed de justicia, se refiere a personas que eliminan las distracciones y los excesos en la vida que no contribuyen a su búsqueda de Dios. No echan un vistazo a varios menús; miran a Dios y lo anhelan.

Esta justicia no es un término etéreo que se refiere a un halo intangible que está por encima de ciertas personas. La justicia es muy real, y conlleva tomar decisiones con regularidad que fomenten que vivamos conforme a la voluntad de Dios. Puede describirse como una vida recta, e incluye identificar la voluntad de Dios en un asunto o situación y buscar alinear nuestra vida de acuerdo con eso. En pocas palabras, significa alinearnos bajo el gobierno del reino de Dios.

Surgen problemas cuando las personas buscan la comida equivocada para alimentar una necesidad espiritual legítima de justicia. Isaías 55:2 dice:

> *¿Por qué gastáis el dinero en lo que no es pan, y vuestro trabajo en lo que no sacia? Oídme atentamente, y comed del bien, y se deleitará vuestra alma con grosura.*

Una cosa es disfrutar de un pastel, y otra muy distinta satisfacer las necesidades del cuerpo con pastel. La mayoría de nosotros entendemos eso pero, cuando se trata de nutrición espiritual, esa verdad se pierde. Hay demasiados creyentes en la actualidad que buscan "lo que no es pan", y desperdician su dinero en "lo que no sacia". Solamente una persona engañada creería que comer pastel todos los días como su única fuente de alimentación le podría proporcionar lo que el cuerpo requiere. De modo parecido, solamente una persona engañada creería que el bienestar espiritual se mantiene escuchando un sermón una vez por semana, o leyendo unos cuantos versículos de la Biblia y haciendo una oración antes de comer.

El pastel es fundamentalmente calorías vacías. Aunque puede darnos sensación de saciedad por un tiempo breve, no proporcionará una nutrición duradera. El pastel no está diseñado para nutrir la estructura celular del cuerpo. Podría estar delicioso, pero no sacia a largo plazo ni tiene capacidad de permanecer. De hecho, muchas personas sienten incluso más hambre después de comer pastel porque el azúcar y los carbohidratos estimulan el cerebro para que desee más comida. Por lo tanto, da comienzo a un círculo de alimentación que a veces es difícil detener. Cuando intentamos alimentar nuestra naturaleza divina con lo que no es pan y no sacia, terminamos muriendo de hambre espiritual, mientras que a la vez deseamos más de los caminos del mundo.

APROVECHAR AL MÁXIMO LO QUE TENEMOS

Dios ha puesto justicia en nuestra nueva naturaleza. La Biblia lo llama justicia "imputada" o contada (ver Romanos 4:24). Esta transacción se produjo cuando aceptamos a Jesucristo como quien cargó nuestro pecado personal. En ese momento, Dios tomó nuestro pecado y lo cargó sobre Jesús. Jesús nunca cometió un pecado, pero los pecados de quienes estamos en el mundo fueron cargados a su cuenta.

Al mismo tiempo que Dios cargó en la cuenta de Jesús nuestros pecados en la salvación, también tomó la justicia de Cristo y la abonó en nuestra cuenta. Por lo tanto, somos perfectamente justos a crédito. La justicia es la nueva naturaleza divina.

Filipenses 2:12-13 nos dice lo que somos llamados a hacer con la naturaleza divina de justicia que nos ha sido acreditada mediante la perfección de Jesucristo. Dice:

> Por tanto, amados míos, como siempre habéis obedecido, no como en mi presencia solamente, sino mucho más ahora en mi ausencia, ocupaos en vuestra salvación con temor y temblor, porque Dios es el que en vosotros produce así el querer como el hacer, por su buena voluntad.

El concepto de este pasaje es que, mientras que Dios provee justicia mediante nuestra salvación, nosotros tenemos un papel participativo para tener acceso a la justicia que está en nuestra cuenta. Ocuparnos en esa justicia es lo que satisface el hambre y la sed del ser espiritual. Sin la ejecución de la justicia que ha sido plantada en nuestro interior, el alma sufre hambre.

Pese al hecho de que podemos asistir a la iglesia o participar en actividades religiosas, si no tenemos hambre y sed de lo que nuestra alma necesita verdaderamente, tendremos hambre espiritualmente hablando. Para que nuestra alma se desarrolle, requiere una alimentación regular de justicia. El alma es alimentada cuando nos alineamos conforme a la verdad de Dios.

Por ejemplo, si manejamos un auto que requiere gasolina sin plomo, pero optamos por llenar el tanque con diésel, tendremos por delante un viaje accidentado y no llegaremos muy lejos. Simplemente iremos a trompicones por la carretera hasta detenernos. No importa si nuestro auto es nuevo o es caro. Si ponemos diésel en un auto que está diseñado para funcionar con gasolina sin plomo, lo arruinaremos.

Tenemos que poner gasolina sin plomo en un auto diseñado para funcionar con gasolina sin plomo. No nos resulta demasiado difícil entender eso y, sin embargo, cuando ponemos en nuestra alma toda la basura del mundo y las cosas caóticas de la cultura, después no nos preguntemos por qué solo podemos ir por la vida a trompicones.

No podemos seguir adelante con el combustible del mundo, porque nuestra naturaleza divina requiere justicia basada en la verdad. Avanzamos con facilidad cuando alineamos nuestros pensamientos, decisiones y palabras bajo el gobierno general de Dios en nuestra vida. Hacer cualquier otra cosa nos causará problemas en nuestra alma.

Algunas veces, cuando tengo programado predicar, miro a la congregación durante un canto o alguna otra parte del servicio. Sin excepción, veré a una mamá con un bebé en sus brazos, normalmente sentada en la parte trasera para así poder ir a una de las salas para bebés si el niño o la niña comienza a estar inquieto. Pero, por lo general, la mamá intentará consolar primero al bebé con un chupete. El problema llega cuando el bebé se da cuenta de que el chupete es comida falsa. Es un pedazo de goma diseñado para engañar al niño. A pesar de cuántas veces succione el chupete, el bebé no recibirá ningún alimento.

Después de un rato, el bebé soltará un fuerte grito por haber sido engañado y frustrado. Si el bebé pudiera hablar, podríamos oír algo como esto: "¡Mamá, estás jugando con mis emociones!". Es entonces cuando la mamá se levantará para ir a la sala de bebés y alimentar a ese niño. Un bebé solo puede ser apaciguado con comida falsa durante cierto tiempo, y no más. Si el hambre es lo bastante fuerte, toda la congregación oirá el llanto.

Muchas personas acuden a la iglesia el domingo y son saciadas con un sermón chupete o un canto chupete que les hace sentirse bien por un momento; pero, poco tiempo después del sermón o del canto, descubrirán que siguen teniendo hambre. Alimentar el alma demanda consistencia en justicia, o se quedará con hambre. Y, cuando nuestra alma tiene hambre, nuestra vida entera llora y clama en caos. Cuando tenemos suficientes almas que tienen hambre, nuestra cultura entera llora y clama en caos.

Jesús dijo que somos bienaventurados cuando tenemos hambre y sed de lo único que el alma puede digerir. Cuando alineamos nuestra vida en consonancia con la verdad de Dios, nos estaremos alimentando de justicia. Ninguna otra cosa que demos al alma la saciará. A pesar de cuántas veces intentemos alimentar nuestra alma con otras cosas, nunca será saciada con ninguna otra cosa.

Ser saciado es estar tranquilo, sentirse en paz. Es tener una sensación decidida en el interior que nos permite vivir en el momento, en lugar de estar atrapados en el pasado o preocupados por el futuro. Jesús lo llama la vida abundante, y nos dice en Juan 10:10 que Él vino a darnos esa vida abundante para que tengamos la oportunidad de experimentarla y disfrutarla. El salmista lo describe de este modo:

Los leoncillos necesitan, y tienen hambre; pero los que buscan a Jehová no tendrán falta de ningún bien.   (Salmos 34:10)

Porque sacia al alma menesterosa, y llena de bien al alma hambrienta.   (Salmos 107:9)

Estar saciado es no carecer de nada. Ahora bien, eso no significa que no nos faltarán algunas cosas en nuestra lista de deseos. Estar saciado es saber que tenemos provisión: nuestras necesidades han sido todas ellas suplidas. Podremos vivir una vida de contentamiento.

Si está viviendo una vida de insatisfacción en la que pasa de una relación a la siguiente, de una iglesia a la siguiente, de un pasatiempo, vacaciones, carrera profesional, o ideología a la siguiente, necesita comprobar qué tipo de comida está comiendo. Si está confiando para saciarse en el mundo, en la cultura, en los expertos políticos, o en los invitados de programas de entrevistas, pasará hambre. Pero, si decide enfocarse en la verdad de Dios, en su reino, y en cómo vivir su vida bajo su gobierno, disfrutará de una sensación de bienestar.

Dios eliminará el descontento cuando usted busque su voluntad y su deleite. Él eliminará la angustia que usted pensaba que estaba relacionada con sus circunstancias, pero en realidad estaba relacionada con su falta de perspectiva divina.

Dios suplirá cada una de sus necesidades como un pastor que cuida de su rebaño si usted lo mira a Él como la fuente de su satisfacción. Él le dará la sabiduría que necesita para tomar mejores decisiones, de modo que no tenga que seguir reviviendo las mismas lecciones terribles una y otra vez. Él le dará el dominio propio que usted necesita para no abrir su boca y unirse a la división y el odio que tanto prevalecen en nuestra cultura en la actualidad. Él le dará la valentía que se requiere para vivir en un mundo donde la única realidad consistente es que nada es consistente en absoluto.

Si se encuentra avanzando por inercia, y no hay nada que le haga feliz o tiene que evocar felicidad para distraerse de su infelicidad, no está buscando la justicia. Puedo decir eso porque Jesús promete en su Palabra que seremos saciados cuando busquemos la justicia.

La satisfacción está a su disposición. Es tan sencillo como conformar sus pensamientos y sus acciones a la voluntad de Dios.

Gran parte del desencanto y el abatimiento que enfrentamos una semana tras otra, o un mes tras otro, está vinculado a almas que tienen hambre. Si el cuerpo de Cristo dejara de cenar únicamente dulces espirituales, por bueno que sea su sabor y a pesar de lo fáciles que son de tragar, seríamos capaces de impactar el caos en nuestra cultura y transformarlo para la gloria de Dios.

Pero no haremos eso hasta que, como cuerpo colectivo, seamos tan apasionados acerca de la verdad de la Palabra de Dios y la primacía de su gobierno, como lo somos acerca de todo lo demás que hemos situado por delante de Él. Hasta que rechacemos fuentes ilegítimas de nutrición y las sustituyamos por la verdad, seguiremos siendo seguidores ineficaces e incapaces de marcar una diferencia.

Si el cuerpo físico necesita alimento varias veces al día solamente para funcionar bien, ¿cuánto más piensa usted que el ser espiritual necesita justicia regularmente? Nuestras almas tienen hambre porque hemos relegado nuestra relación con Dios y su gobierno al estatus de un *influencer* en redes sociales, que intenta lograr que compremos los zapatos o los aparatos de última moda.

> Si el cuerpo de Cristo dejara de cenar únicamente dulces espirituales, por bueno que sea su sabor y a pesar de lo fáciles que son de tragar, seríamos capaces de impactar el caos en nuestra cultura y transformarlo para la gloria de Dios.

Dios no solo quiere influenciarnos, pues es Él, como Dios que es, quien está a cargo. Él es el Gobernador supremo, y gobierna sobre todo. Para alinearnos legítimamente bajo su gobierno, necesitaremos alimentar consistentemente nuestra alma con pensamientos rectos, palabras y conductas rectas.

Y, si usted no está acostumbrado a alimentarse de tanta justicia a la vez, entonces comience donde pueda. Deje a un lado su teléfono celular y agarre su Biblia. Apague el televisor y lea un libro, o escuche un *podcast* sobre principios basados en la justicia. Comience donde esté, y a medida que continúe, observará que su hambre va aumentando cada día. Lo que solían ser cinco minutos de lectura se convertirán en veinte.

A medida que su alma se expande con la justicia de Dios, su hambre y sed aumentarán para satisfacer el apetito creciente de su alma. Le aliento a que haga que este valor del reino de tener hambre y sed de justicia, de buscar intencionalmente a Dios y su verdad, se convierta en parte de su vida diaria. Cuando lo haga, descubrirá lo que significa estar verdaderamente saciado y satisfecho.

11

LOS MISERICORDIOSOS

Los valores del reino que Jesús enseñó en el Sermón del Monte bosquejan el camino hacia la bendición espiritual. Como hemos visto, comienza con ser pobre en espíritu. Es entonces cuando reconocemos nuestra propia bancarrota espiritual y declaramos la falta de capacidad para saciar nuestras propias necesidades espirituales siendo independientes de Dios. Las personas que deciden vivir en esta consciencia obtienen el reino, y obtienen también acceso al Rey del reino y a todo lo que eso conlleva.

Después vimos el llorar por nuestro pecado. Esto debería ser algo natural para quienes son pobres en espíritu, porque reconocer nuestra propia ineptitud espiritual conduce a la tristeza del alma por haber quebrantado los estándares de Dios. Dios nos hace saber que, cuando llegamos a este lugar en el desarrollo de nuestros valores del reino personales, nos estamos situando para recibir su consuelo.

Edificando sobre esos dos valores, llegamos al valor del reino de la mansedumbre. Como recordatorio, mansedumbre no es debilidad; es poder bajo control. Cuando nos sometemos a la autoridad divina, nos convertimos en alguien que experimenta la herencia del reino. Obtenemos acceso a lo que ha sido ordenado para nosotros, tanto en esta vida en la tierra como también en la eternidad.

Esta es una progresión natural de los valores del reino.

Al participar cada vez más de los beneficios y las bendiciones del reino, nuestra hambre por los valores del Rey aumentará. Eso se muestra como hambre y sed de justicia. Mientras más lleguemos a conocer las capacidades de satisfacción de Dios en nuestra propia vida, más impulso espiritual surgirá en nuestro interior. Viviremos con una mayor pasión por descubrir lo que agrada a Dios.

Tras estos cuatro valores del reino, que se centran primordialmente en el yo interior, Jesús menciona uno que habla de mostrar interés y compasión a los demás. Él dice: *Bienaventurados los misericordiosos, porque ellos alcanzarán misericordia.* Para entender lo que significa vivir con este valor de ser misericordioso, antes debemos entender qué es la misericordia.

La misericordia asume que hay una situación de angustia que necesita alivio. La misericordia solamente puede mostrarse cuando ha habido circunstancias que la justifican. La misericordia se puede definir como compasión por alguien que tiene necesidad. Conlleva reducir, eliminar o aliviar la angustia de alguien.

La Escritura nos dice que nuestra salvación es el resultado de la misericordia. Leemos en Tito 3:5: *Nos salvó, no por obras de justicia que nosotros hubiéramos hecho, sino por su misericordia, por el lavamiento de la regeneración y por la renovación en el Espíritu Santo.*

También leemos en Efesios 2:4-5: *Pero Dios, que es rico en misericordia, por su gran amor con que nos amó, aun estando nosotros muertos en pecados, nos dio vida juntamente con Cristo.* En otras palabras, Dios es rico en aliviar el dolor de las personas, y también en eliminar o reducir el peso de la angustia, el desaliento, el quebranto y los problemas que llegan a nuestro camino.

De hecho, la misericordia resume la reacción de Dios a nuestra angustia individual (ver Salmos 130:1-8). Conlleva algo más que sentir lástima por alguien. Cualquiera puede sentir lástima por alguien, y aún así no hacer nada para ayudar. Misericordia significa que la tristeza que sentimos por alguien se muestra en nuestras acciones para ayudar a aliviar su dolor. La misericordia siempre implica acción para reducir o eliminar la angustia que se ha producido en la vida de otra persona.

La Biblia nos recuerda la abundante misericordia de Dios hacia cada uno de nosotros. Leemos de la misericordia de Dios en varios lugares:

Por la misericordia de Jehová no hemos sido consumidos, porque nunca decayeron sus misericordias. Nuevas son cada mañana; grande es tu fidelidad. (Lamentaciones 3:22-23)

Porque Dios misericordioso es Jehová tu Dios; no te dejará, ni te destruirá, ni se olvidará del pacto que les juró a tus padres. (Deuteronomio 4:31)

Bueno es Jehová para con todos, y sus misericordias sobre todas sus obras. (Salmos 145:9)

Por la entrañable misericordia de nuestro Dios, con que nos visitó desde lo alto la aurora. (Lucas 1:78)

La misericordia de Dios sirve como ejemplo para cómo debemos ser misericordiosos hacia los demás. La misericordia no está supeditada a lo que otra persona pueda hacer, ni tampoco depende de si la otra persona lo merece o no. Si tuviéramos que ganarnos el aire que respiramos o el sol que nos da luz, los cuales Dios nos provee misericordiosamente, ninguno de nosotros estaría aquí. La misericordia presupone que el destinatario no tiene derecho a lo que él o ella está recibiendo.

Por lo tanto, cuando mostramos misericordia a alguien, no es un favor. No es una transacción de negocios, ni es *quid pro quo*. La misericordia proporciona alivio de la tristeza y pronuncia un estado de bienestar sobre el receptor, independientemente de lo que esa persona haya hecho hasta ese momento.

Existen dos razones comunes por las que las personas necesitan misericordia. Una de ellas es debida al impacto debilitante del pecado en sus vidas. La otra se debe al doloroso peso de las circunstancias que han surgido y que no son el resultado de sus propias acciones. Independientemente de cuál sea la causa del sufrimiento, la misericordia proporciona alivio a quienes lo necesitan.

A medida que los Estados Unidos se ha vuelto más polarizado en los temas de política, raza y salud, he sido testigo de un aumento en la falta de misericordia entre las dos partes. Están aquellos en el lado vacunado de la batalla contra el COVID-19 que argumentan que el cuidado y los seguros médicos deberían ser retirados a quienes no se han vacunado. Aunque este argumento podría parecer sensato a quienes lo plantean, la lógica descarta que lo apliquemos a todas las cosas. Por ejemplo, ¿habría que retirar el cuidado y el seguro médico a quienes fuman? ¿O a quienes tienen un IMC (índice de masa corporal) superior a 30? ¿O a quienes participan en deportes extremos? Podría seguir dando ejemplos, pero seguro que ya lo ha entendido.

Lo que me ha asombrado incluso más, por lo menos en las redes sociales, es que parece haber un número cada vez mayor de personas que aplauden las muertes de quienes tienen otro punto de vista político o médico. Nuestra cultura ha caído en un abismo de fuerte crítica y odio en todos los niveles y, por desgracia, la iglesia ha participado más veces de las que nos gustaría admitir.

En la actualidad hay una gran falta de misericordia, ya sea en nuestras palabras o en nuestras acciones; sin embargo, Jesús dice que este valor del reino es el que establece el efecto búmeran en nuestra vida para que también la recibamos. Las personas que muestran misericordia pueden esperar recibir misericordia. Este valor del reino da claridad al mandamiento bíblico de hacer con los demás lo que nos gustaría que ellos hicieran con nosotros (ver Mateo 7:12). Mientras más misericordia estemos dispuestos a mostrar a los demás, más acceso tendremos a la misericordia para nosotros mismos. Y ¿a quién no le vendría bien un poco de misericordia de vez en cuando? Creo que a todos.

Mostrar misericordia a otros requiere que primero adoptemos en nuestras vidas los valores del reino anteriores, porque la misericordia debe ser pura en su motivación para que sea misericordia. Una persona orgullosa nunca mostrará misericordia. El acto de la misericordia nace en la humildad. Jesús nos da un ejemplo en Lucas 18:10-14 de dos hombres que tenían niveles muy diferentes de misericordia. Uno de ellos era un fariseo, y el otro hombre era un publicano, conocido también como recaudador de impuestos. Leemos:

> Dos hombres subieron al templo a orar: uno era fariseo, y el otro publicano. El fariseo, puesto en pie, oraba consigo mismo de esta manera: Dios, te doy gracias porque no soy como los otros hombres, ladrones, injustos, adúlteros, ni aun como este publicano; ayuno dos veces a la semana, doy diezmos de todo lo que gano. Mas el publicano, estando lejos, no quería ni aun alzar los ojos al cielo, sino que se golpeaba el pecho, diciendo: Dios, sé propicio a mí, pecador. Os digo que este descendió a

su casa justificado antes que el otro; porque cualquiera que se
enaltece, será humillado; y el que se humilla será enaltecido.

El fariseo estaba seguro de que hacía todas las cosas correctas.
Su corazón estaba arraigado en el orgullo. Pero el publicano sabía
que necesitaba ayuda; sabía que cometió errores y que cometió
pecados. Jesús dejó claro mediante esta parábola que, quien pidió
misericordia con un corazón de humildad, recibió la misericordia
que necesitaba. Jesús también hizo hincapié en que el fariseo que se
había exaltado a sí mismo sería humillado en algún momento. Se
encontraría en una posición donde se daría cuenta de que necesitaba misericordia pero, para entonces, si no había un cambio en su
corazón, sería demasiado tarde para tener acceso a ella.

> **Las personas que muestran misericordia pueden**
> **esperar recibir misericordia.**
> **Este valor del reino da claridad al mandamiento**
> **bíblico de hacer con los demás lo que nos gustaría**
> **que ellos hicieran con nosotros.**

De modo similar, cuando usted y yo vivimos nuestras vidas
con un corazón de orgullo y nos negamos a lidiar con los pecados
que están creando la angustia y el caos que nos consumen, no mos-
traremos misericordia a los demás ni tampoco la recibiremos para
nosotros mismos. Sin embargo, podemos estar seguros de que llegará un día cuando sabremos lo mucho que la necesitamos.

Cuando clamamos a Dios pidiendo misericordia, tengamos en
mente que nuestras acciones previas afectarán el modo en que Él
nos responde. No culpemos a Dios si retira la misericordia que
sentimos que necesitamos. Bien podríamos repasar nuestra historia y ver si mostramos misericordia a otros en sus momentos de
necesidad.

Siempre podemos pedir misericordia, pero nunca podemos demandarla. Y, aunque Dios es rico en misericordia, como vimos anteriormente en los versículos en este capítulo, Él decide hasta dónde mostrarla bien afirmada sobre la base de lo que nosotros hemos hecho con los demás.

Esto no es un secreto que esté oculto en su Palabra. No debería sorprendernos, porque Dios ha bosquejado para nosotros en varios lugares que el modo en que tratamos a los demás influenciará el modo en que Él nos trata a nosotros. Saltarnos la aplicación de este valor del reino en nuestra propia vida y adoptar la norma cultural de la crítica, el juicio, la culpa, e incluso la burla de quienes tienen necesidad y con quienes no estamos de acuerdo, es levantar un obstáculo para nuestro propio acceso a la misericordia. Sí, quizá sus decisiones condujeron a un resultado difícil y están viviendo con las consecuencias de las malas decisiones que ellos mismos tomaron, pero hay momentos en nuestras propias vidas en las que eso también es cierto.

No mostrar misericordia a alguien simplemente porque esa persona pudo haber contribuido o causado el dolor que está experimentando, es una posición peligrosa. Cuando lo hacemos, podemos estar seguros de que, cuando llegue el momento en que necesitemos misericordia por las consecuencias de nuestras propias malas decisiones, Dios recordará cómo tratamos a los demás.

Ahora bien, hay una segunda razón por la que las personas necesitan misericordia, y es cuando las circunstancias que están fuera de su control han causado caos en sus vidas. Quizá una persona nació con una minusvalía de algún tipo. Podría ser que una catástrofe meteorológica se produjo en su región, o tal vez está sufriendo debido a recortes en el trabajo, o a un accidente laboral o de tráfico. Hay incontables razones por las que las personas están abatidas, aunque no fuera su propia culpa. Todos hemos experimentado esos momentos. Es durante esos periodos o situaciones en los que necesitamos que alguien intervenga y quite la carga, cuando descubrimos cuán refrescante puede ser verdaderamente la misericordia.

Es también en esos momentos cuando Dios mira nuestro historial de mostrar o no mostrar misericordia a quienes tienen necesidad. Seremos bienaventurados con la misericordia de Dios si hemos sido misericordiosos con los demás. Es cierto que ser misericordioso va contra la lógica de la sociedad cruel y despiadada en la que vivimos, pero es un valor del reino que deberíamos practicar, un valor que nos pasará factura si no lo aplicamos regularmente a otros.

También entiendo que no se puede ayudar a todo el mundo. Nadie puede hacer eso. Pero vivir con este valor del reino de la misericordia significa que hacemos un esfuerzo por quitar la carga y aliviar la angustia en las vidas de quienes podamos. Tal vez no podemos ser misericordiosos con todo el mundo, pero podemos ser misericordiosos con alguien regularmente. Podemos hacer que mostrar misericordia sea un estilo de vida y no un acontecimiento puntual.

Comienza con alterar nuestro punto de vista hacia otro que está arraigado en la humildad. Cuando hagamos eso, comenzaremos a juzgar menos y ayudar más. La misericordia es un resultado natural de la vida del reino. Si nos enfocamos en adoptar los cuatro primeros valores del reino, pronto descubriremos que este quinto valor surge de modo natural.

LA MISERICORDIA EN ACCIÓN

Mi hijo Anthony había estado patrocinando por varios años a un niño en África, cuando lo invitaron a volar hasta allí y conocerlo. Nunca se habían visto, aunque Anthony llevaba algún tiempo enviándole dinero para comprar comida y para la escuela. Anthony aprovechó la oportunidad y tomó el vuelo de casi un día de duración hasta África, y después el largo viaje en auto hasta la aldea en el interior donde vivía ese niño.

Una de las cosas interesantes que Anthony compartió con nosotros cuando regresó, es que al niñito al que patrocinaba le habían puesto un nombre que, traducido, significa "olvidar". La razón por la que escogieron ese nombre fue porque su región había quedado diezmada debido al SIDA. Por lo tanto, le habían puesto ese nombre al niño para ayudar a dejar atrás el pasado y mirar hacia el futuro. La misericordia que él había recibido hasta ese momento le permitió olvidar gran parte de la angustia en la que había nacido.

Además, cuando Anthony conoció al papá del niño, le preguntó cuál era su sueño. Su papá le dijo que soñaba con una casa para su familia en la que, cuando lloviera, el techo mantuviera fuera el agua. En ese momento tenían un tejado de paja que siempre filtraba agua durante la temporada de lluvias. Cuando Anthony le preguntó cuánto costaría eso, le dijo que era el equivalente a unos trescientos dólares.

Ahora bien, Anthony podría haberle dicho que oraría por él para que Dios proveyera, o podría haberle deseado lo mejor con su sueño, o incluso podría haber sentido lástima por él. Pero ninguna de esas cosas se consideraría misericordia. En cambio, Anthony envió a la familia los trescientos dólares necesarios para construir un tejado firme que los resguardara de la lluvia.

Dios puede suplir las necesidades de quienes acuden a Él, pero lo que a veces olvidamos es que Él frecuentemente decide hacer eso por medio de cada uno de nosotros. Eso es lo que significa misericordia. Si usted y yo nos contentamos con lanzarnos mutuamente frases de aliento, diciendo que Jesús es la rosa de Sarón, el Bálsamo de Galaad, la Estrella resplandeciente de la mañana, pero nos negamos a encender la luz cuando alguien está perdido en la oscuridad, no somos distintos a los fariseos. No seremos distintos a quienes piensan que su propia justicia los salvará en su momento de necesidad.

Probablemente, usted nunca se cruzará con alguien más capaz de consolar a otro que una persona que acabe de pasar por una etapa de duelo. De igual forma, probablemente nunca se cruzará con nadie que esté más dispuesto a ayudar a otra persona económicamente que alguien que acaba de pasar por una etapa de escasez económica. Esto se puede aplicar a muchos otros ámbitos, porque cuando usted y yo pasamos por las aguas del peso y el esfuerzo del mundo y vemos lo importante que es la misericordia, estamos más dispuestos a ofrecérsela a otros.

Sin embargo, con este valor del reino Dios le está pidiendo que dé un paso al frente en fe y muestre misericordia a otros *primero*, por la misericordia que Él le ha mostrado mediante la salvación y su provisión diaria. Él le está pidiendo que sea el buen samaritano, y no tan solo que cuente la historia a sus hijos o que la enseñe en la clase de escuela dominical. Dios nos está pidiendo a usted y a mí, a todos los que formamos parte de su cuerpo, que seamos las manos y los pies de Jesús, compartiendo con otros su misericordia por medio de nosotros.

Usted será bendecido cuando sea misericordioso con otros. Será bendecido cuando sufra inconvenientes por otros y tenga en cuenta sus necesidades al tomar las decisiones de su día. Será bienaventurado cuando considere a los demás menos afortunados que usted. Será bienaventurado cuando comparta el amor de Jesús dando a otros el valor y la dignidad que necesitan tan desesperadamente. Después de todo, llegará un día en el que usted sea quien necesite alivio, cuando necesite ayuda para olvidar el dolor por el que ha pasado. Llegará un día en el que usted necesite a alguien que se acerque a usted y lo levante, o le ayude a eliminar el peso que ha acumulado sobre sus hombros.

Cuando llegue ese día y usted implore la misericordia de Dios, Él revisará su historial de misericordia para ver cuán fácilmente usted fue misericordioso con otras personas que Él puso en su camino. Amigo, si quiere que Dios aligere sus cargas y reduzca el peso, tiene que dejar de saltarse las oportunidades que Él le da para que haga lo mismo con otros. Cosecharemos lo que sembramos cuando se trata de los valores del reino.

¿Alguna vez ha hablado usted por teléfono con un número de atención al cliente y le han dicho que su llamada está siendo grabada para asegurar la calidad del servicio? Los gerentes de la empresa hacen eso para poder revisar la llamada y ver que sus agentes de atención al cliente están haciendo su trabajo según los estándares que la empresa requiere. Del mismo modo, cuando usted le pide a Dios misericordia, Él ha establecido algunos estándares en los valores del reino que Él mismo revisa. Podría considerarse una manera egoísta de ver por qué debería usted mostrar misericordia, pero así es como Jesús lo expresó. Él dejó claro que, quienes muestran misericordia, recibirán misericordia. O, dicho de manera inversa, quienes no muestran misericordia corren el riesgo de no recibir misericordia cuando la necesitan.

> **Dios le está pidiendo que dé un paso al frente en fe y muestre misericordia a otros *primero*, por la misericordia que Él le ha mostrado mediante la salvación y su provisión diaria. Él le está pidiendo que sea el buen samaritano, y no tan solo que cuente la historia a sus hijos.**

Por supuesto que Dios puede salirse de sus planes establecidos siempre que quiera. Él puede mostrar misericordia a quien quiera y cuando quiera, pero lo que Jesús está recalcando en este valor del reino es que existe un efecto búmeran cuando mostramos misericordia. Dicho de otra forma y usando un lenguaje más actual, sería que hay un incentivo para mostrar misericordia. Cuanto más demos, más nos preparamos para recibir. Además, podemos pedir con confianza que Dios nos muestre misericordia cuando nuestro historial demuestra que hemos sido misericordiosos con los demás.

Nehemías es un ejemplo perfecto de esto en la Biblia. Él tenía un puesto muy cómodo en un lugar cómodo, con un pronóstico cómodo en la vida. A fin de cuentas, era el copero del rey. Pero, al margen de su comodidad, Nehemías sintió carga en su corazón por su pueblo, los israelitas. Se le partió el corazón por el apuro en el que se encontraba Jerusalén.

Por lo tanto, durante todo el libro que lleva su nombre en la Escritura, vemos a Nehemías dejando la comodidad de su entorno para ir a ayudar a personas necesitadas. Él lidera la campaña para reconstruir la ciudad. Lleva justicia a un grupo de personas que estaban siendo tratadas injustamente. Alimenta y viste a personas necesitadas, y les suple y les capacita para que puedan defenderse a sí mismos, a sus familias y a la ciudad.

Sin embargo, al leer las dificultades y los problemas que Nehemías tuvo que superar para hacer todo ese bien a las personas, verá que se repite constantemente una frase. Es una frase corta, y quizá no se haya fijado en ella si ha leído los capítulos rápidamente. Pero, más de una vez, usted encontrará la frase "Acuérdate de mí para bien, Dios mío".

Mientras Nehemías se preocupa de hacer el bien a los demás y de mostrar misericordia a quienes la necesitan, acude también al Dios del cielo y le dice: *acuérdate de mí para bien*. En otras palabras, le está pidiendo a Dios que tome nota, que escriba su historial. Le está pidiendo a Dios que le devuelva la bondad cuando él más la necesite. Nehemías ora así porque conoce el principio del reino de que dar nos predispone para recibir. A eso se refiere la Biblia cuando dice: *Más bienaventurado es dar que recibir* (Hechos 20:35).

En Mateo 18:23-34 vemos lo contrario a la historia de Nehemías. Leemos acerca de un hombre que le debía al rey cientos de miles de dólares en moneda actual. Sabiendo que iría a la cárcel por todo lo que debía, el hombre suplicó misericordia. El rey le otorgó misericordia y le canceló la deuda. El problema se produjo cuando el hombre regresó a su casa y se encontró con alguien que le debía una pequeña cantidad de dinero. En lugar de otorgar la misma misericordia que él acababa de recibir, hizo que encerraran al hombre en la cárcel por no poder pagarle.

Cuando el rey se enteró de lo que este hombre había hecho a pesar de haber recibido misericordia con la deuda que debía, cambió la decisión que había tomado previamente y revocó la libertad del hombre. Como resultado, terminó también en la cárcel. Santiago 2:13 resume el principio de esa historia cuando dice: *Porque juicio sin misericordia se hará con aquel que no hiciere misericordia; y la misericordia triunfa sobre el juicio.*

Este valor del reino sigue en vigor en la actualidad. Si usted vive su vida tan preocupado de sus metas, sus sueños, sus deseos y sus antojos que salta por encima de todos los demás aunque esté en posición de ayudarlos, se estará preparando para el fracaso. El día que usted implore misericordia, no habrá nada para usted, porque no habrá almacenado nada mediante sus acciones. Al adoptar y aplicar este valor del reino como una función normal de su vida cotidiana, usted se estará posicionando para recibir misericordia.

La misericordia es algo poderoso. La misericordia nos permite unirnos al corazón de Dios para ayudar a otros. Esto entonces libera el corazón de Dios para poder ayudarnos. La misericordia es una de las acciones más estratégicas de la vida. Nos predispone para orar así: *Dios, acuérdate de mí para bien* durante los peores momentos de nuestra vida.

Permitamos que la misericordia sea el resultado de una vida arraigada en la consciencia de la ineptitud espiritual, el dolor, la mansedumbre y el hambre de justicia. Cuando lo hagamos, descubriremos esa paz que llega al saber que Dios hará todo conforme a su gran misericordia.

12

LOS DE LIMPIO CORAZÓN

Muchos de ustedes que leen este libro puede que sufran algún tipo de alergia. Las alergias tienden a brotar cuando el polvo y el polen del aire impiden respirar con normalidad. Narices taponadas, ojos llorosos y congestión son el resultado, todo ello porque el aire está contaminado por alérgenos. Sé que quienes sufren de alergia esperan días mejores en los que el aire sea más claro y más limpio. Esperan la llegada de una lluvia fresca que limpie el cielo para que los alérgenos ya no influyan en su bienestar.

El siguiente valor del reino que vamos a ver en el Sermón del Monte de Jesús tiene que ver con el prerrequisito que Dios anhela ver en nosotros. Jesús declara este precursor para una mayor bendición cuando dice: *Bienaventurados los de limpio corazón, porque ellos verán a Dios.*

Del mismo modo que deseamos el aire para ser libres de las sustancias contaminantes, los alérgenos, y los irritantes, para que lo que respiremos sea puro, Dios también desea que nuestro corazón esté libre de sustancias contaminantes, irritantes e impurezas.

Él busca un seguidor cuyo corazón no esté mezclado, dividido y diluido en su amor por Él; y, cuando encuentra un seguidor que encaja con esta descripción, Él derrama una bendición particular en cuanto a que se revela a esa persona en un nivel totalmente distinto.

En otras palabras, muchos no estamos viendo a Dios por nosotros mismos porque hemos aceptado algo que ha contaminado nuestros sistemas espirituales. Estamos permitiendo que entren las sustancias contaminantes de la cultura, que producen como resultado ojos espirituales llorosos y picor. Todos saben que es más difícil ver con claridad cuando los ojos están llorosos y enrojecidos. Estos contaminantes culturales nublan nuestra visión hasta tal punto, que ya no reconocemos ni experimentamos la obra, el poder, la provisión, la transformación, la liberación y la victoria de Dios de primera mano. Seguro que quizá hemos oído hablar de esas cosas a otros, pero cuando miramos nuestra propia vida, no podemos ver ahí a un Dios cercano y personal.

Para ver a Dios de esta forma, nuestro corazón debe ser puro y limpio. Espiritualmente hablando, un corazón puro significa tener una sola devoción. Significa que amamos todo de Dios con todo nuestro ser, no solo con una parte de nosotros por un tiempo. Pureza de corazón significa que ya no estamos desconectados de Dios por algo que hemos permitido que contamine nuestra relación con Él.

Como hemos visto en algunos de los otros valores del reino, Dios y el pecado son irreconciliables. Ambos no se llevan bien. Usé la ilustración de la basura en su hogar como una manera de ayudarle a ver cómo se siente Dios con respecto al pecado. Usted no querría vivir en una casa llena de basura podrida a su alrededor, y Dios tampoco quiere habitar en los templos de nuestra alma con basura pecaminosa podrida amontonada por todas partes. Para deshacernos de la basura de nuestro hogar, la sacamos fuera. De forma similar, debemos arrepentirnos del pecado y apartarnos de él para poder estar limpios por dentro y tener un corazón limpio. Dios simplemente no puede estar cómodo en un lugar donde a la injusticia se le permite expresarse libremente.

La descripción de ser limpio de corazón tiene que ver con no dejar que los contaminantes del pecado penetren en el corazón, a fin de que Dios no se distancie de estar cercano a nosotros. Muchos cristianos hoy día tienen una relación de larga distancia con Dios. Si Dios fuera el sol y ellos fueran un planeta, serían más como Plutón que como Mercurio. Están a mucha distancia, y por estar tan lejos del sol, también están fríos como Plutón. Mientras más lejos estemos de Dios, más se enfriará nuestro corazón, porque Él es la fuente de amor, compasión y luz.

Lo que Jesús nos recuerda en este valor del reino es que, si queremos ver a Dios en un nivel más cercano e íntimo que el de la persona promedio, y si queremos experimentar a Dios con más profundidad que nunca, entonces debemos perseguir la limpieza de nuestro corazón. Debemos perseguir la pureza.

No malentienda esto. A Jesús le preocupa la pureza, la verdadera pureza. Es fácil camuflarnos para parecer más limpios de lo que realmente estamos. Podemos quitar el polvo de algunos malos deseos y frotar algún pecado por un tiempo. Es fácil enmascarar la injusticia con una apariencia recta o usando dichos aparentemente justos. Jesús no nació ayer. Él puede ver más allá de nuestra fachada. Por eso reprendió a los fariseos como lo hizo cuando les dijo: *¡Ay de vosotros, escribas y fariseos, hipócritas! porque limpiáis lo de fuera del vaso y del plato, pero por dentro estáis llenos de robo y de injusticia* (Mateo 23:25).

En otras palabras, Jesús les dijo que Él veía más allá de ese atavío que les hacía aparentar que eran amigos íntimos de Dios. Él no se creyó sus sofisticadas palabras o sus bromas que les hacían aparentar que se llevaban regularmente muy bien con Dios. No, Jesús les dijo que tan solo eran *sepulcros blanqueados* que estaban *llenos de huesos de muertos* (v. 27). Un sepulcro blanqueado puede parecer limpio por fuera, pero cuando se abre la tapa o se mira debajo de los huesos, solo se encuentra hedor, podredumbre y suciedad de todo tipo.

Dios no busca la pureza de la apariencia, o una pureza de lugar, o incluso una pureza de actividad religiosa. Nada de eso importa si el corazón mismo es impuro: un corazón muy alejado de Dios.

> **Si queremos ver a Dios en un nivel más cercano e íntimo que el de la persona promedio, y si queremos experimentar a Dios con más profundidad que nunca, entonces debemos perseguir la limpieza de nuestro corazón. Debemos perseguir la pureza.**

Muchos no bebemos del agua del grifo en nuestros hogares. En cambio, filtramos el agua con algún sistema para eliminar las impurezas o toxinas que contiene. Lo hacemos porque no queremos que las bacterias, las sustancias químicas u otros elementos invisibles nos hagan daño en el estómago. Queremos beber algo que sea puro, limpio, no contaminado y saludable. De hecho, muchos hemos llegado incluso a poner un sistema de filtración de agua en toda la casa, y no ha sido barato. El agua limpia es una fuente de vida para nuestro cuerpo, mientras que el agua contaminada es una fuente de enfermedades y males.

Así como nosotros vemos el agua es como Dios ve nuestro corazón. Él sabe que los contaminantes del pecado y las sustancias contaminantes del orgullo dañan a la gente. Él no quiere ver impurezas en nuestro corazón, no solo porque le ofende sino también porque sabe cómo nos destruye. Destruye nuestras relaciones y nuestros procesos de pensamiento, e incluso daña nuestros sueños y destinos. Así como las impurezas enturbian el agua y no se puede ver claramente a través de ella, las impurezas también enturbian nuestro corazón, afectando nuestra visión espiritual. Ya no podemos ver la impoluta naturaleza de quién es Dios y lo que Él ha puesto en nuestro interior.

EL LATIDO DEL CORAZÓN

Para entender lo que Jesús nos insta a hacer al vivir según este valor del reino, tenemos que examinar más detalladamente el corazón. Todos estamos familiarizados con lo que es un corazón desde una perspectiva fisiológica, pero ¿qué es el corazón cuando hacemos referencia a él desde un punto de vista teológico o espiritual? Dios utiliza a menudo conceptos espirituales que tienen un equivalente físico, lo cual nos ayuda a entender el concepto espiritual de una manera más completa. En estos casos, comenzamos con el ámbito de lo físico para entenderlo ahí, y después lo aplicamos al ámbito espiritual. Por lo tanto, entender la función y el propósito del corazón físico nos ayudará a entender mejor el deseo de Dios de que vivamos con limpieza y pureza en nuestro corazón espiritual.

Todos tenemos un corazón. El corazón es la pieza central de la vida. Es la bomba que mantiene la vida activa. Una persona puede sobrevivir sin una mano o sin un pie. Una persona puede incluso sobrevivir sin oídos o sin ojos, pero ningún ser humano puede sobrevivir sin el corazón. Si no hay corazón, no hay vida. Esto se debe a que el corazón bombea la esencia de la vida, la sangre, por todo el cuerpo. Como dice la Escritura: *Porque la vida de la carne en la sangre está* (Levítico 17:11).

El oxígeno es llevado por todo su cuerpo en la sangre. Miles de veces al día la sangre fluye a través de las arterias para llevar el oxígeno y los nutrientes que dan vida. Si el corazón deja de bombear, toda la vida cesará y todos los órganos sufrirán algún fallo.

El propósito del corazón físico es hacer que la vida aparezca en cada lugar del cuerpo. Si las arterias se obstruyen con cosas malas, como la placa, esto reduce la capacidad de la sangre de fluir por ellas. Como consecuencia, eso produce que el corazón haga un trabajo extra para llevar los nutrientes y el oxígeno a todo el cuerpo. Si las arterias se obstruyen demasiado, se puede producir un ataque al corazón. Por esta razón, cuando los médicos evalúan la salud del corazón de una persona, dos de las cosas que revisan son cómo resiste el estrés y la libertad con la que fluye la sangre.

Cuando el corazón funciona como debe, uno ni siquiera piensa en él. El corazón está ahí, haciendo su trabajo. Solo cuando las cosas no van bien es cuando uno se enfoca en su corazón, porque empieza a informar al resto del cuerpo que necesita una atención inmediata.

Dentro de cada uno de nosotros reside la fuente de nuestra vida espiritual también. Lo llamamos alma. El alma incluye la personalidad. Es la persona. El alma es el yo que vive para siempre. El alma está formada por tres componentes fundamentales: emociones, intelecto y voluntad. Las emociones son conocidas como los sentimientos. El intelecto se compone de los pensamientos y el entendimiento. La voluntad es la capacidad de tomar decisiones. Como ser humano que tiene alma, usted puede sentir, puede pensar y puede tomar decisiones.

Pero, así como el cuerpo tiene una bomba que bombea la vida al hombre físico, el alma tiene una bomba que bombea vida al hombre espiritual. Dios ha dado el corazón espiritual al alma, así como le dio el corazón físico al cuerpo. Podemos referirnos a esta bomba espiritual con muchos términos. Es el centro del ser interior que bombea la vida de Dios a nuestra personalidad.

Bombea el pensamiento de Dios y su perspectiva a nuestra mente espiritual. Suministra las emociones y decisiones de Dios a nuestra voluntad, y mientras este núcleo del alma sea libre para bombear los nutrientes espirituales que el alma recibe para sobrevivir, el alma se mantiene saludable. De hecho, la Biblia dice que el alma puede mantenerse saludable incluso cuando el cuerpo no puede. Leemos en 2 Corintios 4:16: *Por tanto, no desmayamos; antes aunque este nuestro hombre exterior se va desgastando, el interior no obstante se renueva de día en día.*

En otras palabras, en la economía de Dios mientras más envejecemos externamente, más deberíamos rejuvenecer internamente. A medida que su cuerpo envejece, su personalidad y sus pensamientos deberían mantenerse vitalmente vigorosos y jóvenes. Por lo tanto, si su alma es tan vieja como su cuerpo, entonces está padeciendo un problema de corazón espiritual. Significa que los principios de vida del Espíritu no están siendo bombeados a todas las partes de su alma. Proverbios 4:23 dice: *Sobre toda cosa guardada, guarda tu corazón; porque de él mana la vida.*

Su vida espiritual refleja la condición de su núcleo espiritual. Si se produce una interrupción dentro de su flujo o se forma una placa pecaminosa que impide que la vida circule por su alma, su vida espiritual se deteriorará. Cuando su vida espiritual se deteriora, comienza a mostrarse en sus emociones, en sus pensamientos y en sus decisiones.

Cuando usted acudió a Cristo para ser salvo, recibió un trasplante de corazón espiritual. Pero este nuevo corazón espiritual solo funciona como fue diseñado para hacerlo. Solo bombea lo que usted necesita espiritualmente si pone en su vida cosas sanas para el corazón. Si decide poner cosas dañinas espiritualmente en su vida de forma regular, su corazón espiritual se deteriorará y sufrirá. No será capaz de darle la claridad de pensamiento, la estabilidad emocional, o la fuerza de voluntad para maximizar al máximo su propósito en el reino. En lugar de ello, se unirá a las filas de aquellos cuyas vidas se parecen al caos de nuestra cultura y lo reflejan.

EL PODER DE VER A DIOS CON CLARIDAD

Cuando usted vive con una devoción enfocada hacia Dios, obtiene claridad en sus pensamientos, estabilidad en sus emociones, y fortaleza de voluntad para tomar decisiones sabias. Accede a la paz, sintoniza con la productividad; ve a Dios. Mientras más limpio sea el corazón, más clara será su visión de Dios.

Para un número demasiado elevado de creyentes hoy día, Dios es meramente una idea. Es un concepto, un ritual, o una entidad en un libro. Para los que no ven o no pueden ver a Dios debido a los niveles de impurezas espirituales que hay en su alma, Dios nunca se convierte en una realidad experiencial. Nunca entienden lo que significa conocer a Dios íntimamente. Se ven forzados a vagar por un laberinto de guerra espiritual plagada de minas que ha colocado el enemigo, pero solo pueden usar sus ojos físicos. No tienen acceso al Guía. No pueden ver cómo maniobrar por los miles de posibles líos y errores porque no saben ver con los ojos espirituales.

Ver a Dios con claridad también significa ver todo lo demás espiritualmente. Dios es Espíritu. Conocerlo íntimamente es conocer su corazón, su perspectiva. Es ver la vida desde su punto de vista y vivir con una orientación de reino. Cuando usted puede ver la vida a través de los lentes del Espíritu Santo, no ve a las personas y los problemas como los solía ver. Ve más allá de la limitada realidad física que tiene delante. Cuando no está conectado a Dios de una manera que le permita verlo y ver a través de los ojos espirituales, lo único que ve es lo que ve en lo natural. Y, si lo único que ve es lo que ve, no está viendo todo lo que se podría ver.

Gran parte de la angustia que experimentamos en la vida se debe a que somos esclavos de lo que vemos. Suponemos que lo que vemos es todo lo que hay porque no tenemos la perspectiva de Dios. Dios puede ver mucho más que nosotros. Él puede ver lo que hay detrás, delante y alrededor. Él no está sujeto a las limitaciones físicas que tenemos nosotros. Él puede ver todos los aspectos de todas las cosas.

Ver a Dios, cuando vivimos según el valor del reino de un corazón espiritual limpio, es ver lo que Dios ve. Es obtener entrada en su perspectiva eterna. Ver a Dios significa percibir y sentir su realidad. Esto nos da a usted y a mí la oportunidad de ver nuestras vidas a través ojos espirituales. Abre ventanas a nuestro alrededor mediante las cuales podemos obtener claridad. El sirviente de Eliseo estaba limitado por la visión física cuando miraba el territorio y solo veía al ejército que se acercaba; ver a Dios nos permite ser como Eliseo, quien oró para que Dios abriera los ojos de su sirviente. Con ojos espirituales, el sirviente vio a los guerreros espirituales formados para protegerlos y defenderlos. No necesitó esconderse ni llenarse de temor. El enemigo que parecía que los iba a invadir sería detenido, pero solo pudo saber eso cuando vio con los ojos espirituales (ver 2 Reyes 6:15-17).

¿A cuántas batallas de las que Dios ya había planeado defenderle, ha salido usted para luchar? ¿Cuántas cicatrices de guerra ha recibido usted sin necesidad al intentar luchar una guerra espiritual con armas físicas? Ver a Dios porque vive con este valor del reino de la limpieza de corazón le permite ver la vida espiritualmente. Puede ver la mano de Dios alejándolo del peligro. Puede ver el corazón de Dios dirigiéndolo amorosamente hacia su destino. Puede ver las posibles trampas en el camino que ha escogido, para así poder evitarlas en lugar de caer en ellas.

Pero ver a Dios no solo nos da una mayor perspectiva espiritual por motivos de protección, sino que esa visión también nos da una mayor productividad espiritual. Cuando Moisés pidió ver a Dios, Él le recordó que ningún hombre puede ver el rostro de Dios y seguir viviendo (ver Éxodo 33:20). Pero Moisés insistió en su deseo. Él quería ver a Dios y su gloria; por lo tanto, Dios escondió a Moisés en la hendidura de una roca, y le permitió verle la espalda (ver Éxodo 33:23). A Moisés se le permitió ver el resplandor que dejó Dios a su paso. Como la estela de vapor que deja un avión en vuelo, Moisés vio la estela de la gloria de Dios.

Además, una vez que Moisés logró ver a Dios de esta forma, comenzó a escribir. Se inspiró para escribir, así que tomó su pluma y su cuaderno y escribió: *En el principio creó Dios los cielos y la tierra. Y la tierra estaba desordenada y vacía, y las tinieblas estaban sobre la faz del abismo, y el Espíritu de Dios se movía sobre la faz de las aguas* (Génesis 1:1-2).

Moisés tampoco se detuvo ahí. Siguió escribiendo los primeros cinco libros de la Biblia, incluso aunque él no estaba vivo cuando se produjo el Génesis. Eso se debe a que Moisés había visto a Dios. Pudo mirar atrás y ver lo que Dios había hecho, de modo que fue inspirado por el Espíritu a escribirlo.

Cuando usted ve a Dios, Él le muestra lo que se propone hacer. Él abre el telón y revela la actividad y los propósitos que hay detrás del velo. Cuando usted ve a Dios, Él incluso puede revelarle por qué le sucedieron ciertas cosas en su pasado para conducirlo hasta su presente. Él puede mostrarle lo que tiene que hacer ahora para tener un mañana mejor.

Ver a Dios no es lo mismo que mirar fijamente una obra de arte en una pared. Él no solo es algo que admirar y alabar. Ver a Dios nos permite vernos a nosotros mismos. Le permite ver que usted mismo es un reflejo de Él, creado a su imagen, lo cual le capacita para ver por qué fue creado y qué tiene que hacer ahora que está aquí. Ver a Dios limpia las cataratas que nublan nuestros ojos espirituales y revela la obra y los misterios del ámbito espiritual. Con esa perspectiva, podemos hacernos camino con sabiduría en los días y las noches.

El salmista nos recuerda que la pureza de corazón hace que Dios pueda oírnos cuando oramos (Salmos 66:18). Abre las compuertas de su bondad (ver Salmos 73:1). El escritor de Hebreos lo dice de la siguiente forma: *Seguid la paz con todos, y la santidad, sin la cual nadie verá al Señor* (Hebreos 12:14). La verdadera experiencia de Dios obrando, moviéndose, dirigiendo, gobernando en nuestra vida y bendiciéndola, fluye de la abundancia de un corazón limpio. Fluye de los arroyos de un alma santificada.

La vida es demasiado complicada y las mentiras son demasiado frecuentes como para confiar en nuestro entendimiento físico, especialmente en estos tiempos. Es difícil saber quién dice la verdad cuando escuchamos las noticias, o entramos en las redes sociales, o escuchamos a nuestros amigos o familiares. Es como si el mundo se hubiera convertido en un juego continuo de teléfono estropeado, donde lo único que nos queda es una mala interpretación tras otra.

> **Ver a Dios limpia las cataratas que nublan nuestros ojos espirituales y revela la obra y los misterios del ámbito espiritual. Con esa perspectiva, podemos hacernos camino con sabiduría en los días y las noches.**

En el caos de nuestra cultura actual, no es una buena idea vivir limitándonos a lo que podemos ver físicamente. No es una buena idea tener que depender exclusivamente de nuestros cinco sentidos. Solo Dios ofrece una manera de ver cosas desde su punto de vista ilimitado. Pero, para hacer eso, debemos tener un corazón limpio. No podremos acceder a esta bendición si tenemos el alma contaminada de pecado. Una de las principales fuentes de pecado que entra en nuestra vida es a través de nuestra mente. Si logramos enderezar la mente, el resto estará hecho. Santiago dice:

Codiciáis, y no tenéis; matáis y ardéis de envidia, y no podéis alcanzar; combatís y lucháis, pero no tenéis lo que deseáis, porque no pedís. Pedís, y no recibís, porque pedís mal, para gastar en vuestros deleites. ¡Oh almas adúlteras! ¿No sabéis que la amistad del mundo es enemistad contra Dios? Cualquiera, pues, que quiera ser amigo del mundo, se constituye enemigo de Dios. ¿O pensáis que la Escritura dice en vano: El Espíritu que él ha hecho morar en nosotros nos anhela celosamente? Pero él da mayor gracia. Por esto dice: Dios resiste a los soberbios, y da gracia a los humildes. Someteos, pues, a Dios; resistid al diablo, y huirá de vosotros. Acercaos a Dios, y él se acercará a vosotros. Pecadores, limpiad las manos; y vosotros los de doble ánimo, purificad vuestros corazones.

(Santiago 4:2-8)

La forma de limpiar su corazón es deshacerse de su mentalidad de doble ánimo (ver Santiago 1:6-8). Ser de doble ánimo significa que está pensando de dos formas distintas a la vez. Lleva una Biblia en una mano y el mundo en la otra. Para que pueda resistir al diablo, tiene que posicionarse para que Dios no le resista.

Si vive como alguien de doble ánimo, Dios le resistirá porque usted habrá elevado sus pensamientos por encima de los de Dios. Habrá cedido al orgullo, suponiendo que sabe tanto como el Creador del universo, y la Biblia nos dice que "Dios se opone a los orgullosos". Dios le resistirá si vive con doble ánimo. Esto no solo le impedirá ver a Dios y su perspectiva con más claridad, sino que también invitará a que Dios se oponga activamente a usted con base en su propensión al orgullo.

La única manera de resistir al diablo es mediante la autoridad de Dios. El diablo quizá no tenga autoridad, pero tiene poder; y, si comparamos su poder, astucia, ingenio y maquinación con los nuestros, ganaría él. No podemos derrotar al diablo en nuestras fuerzas. Mediante nuestro apego a Dios y la autoridad de su reino manifestada en la sangre de Jesucristo es como podemos conseguir acceso a tener ventaja. Pero solo podemos estar unidos a Dios de esta forma cuando nos acercamos a Él con un corazón limpio.

Si verdaderamente quiere ver a Dios, no puede ser de doble ánimo con respecto al reinado de Dios. No puede honrar su gobierno algunas veces y después ir a honrar el gobierno del diablo en otras ocasiones. No puede ir y venir entre ambos reinos y esperar de alguna manera poder tener acceso a la autoridad de Dios cuando la necesite. Para que Dios sea cercano y personal en su vida, para que realmente pueda verlo y experimentar su realidad actuando en su vida, su corazón debe ser limpio, es decir, sin mezcla y enfocado. Para que su corazón esté limpio, su mente debe estar enfocada solamente en la perspectiva de Dios (ver Isaías 26:3).

No se puede tener a Dios y el mundo, el camino de Dios y nuestro propio camino, así como no se puede tener a la vez la oscuridad y la luz. Primera de Juan 1:5-7 lo explica de este modo:

Este es el mensaje que hemos oído de él, y os anunciamos: Dios es luz, y no hay ningunas tinieblas en él. Si decimos que tenemos comunión con él, y andamos en tinieblas, mentimos, y no practicamos la verdad; pero si andamos en luz, como él está en luz, tenemos comunión unos con otros, y la sangre de Jesucristo su Hijo nos limpia de todo pecado.

Observemos cuándo nos limpia Jesús de todo pecado. Es cuando andamos en luz. Muchas personas no se dan cuenta de esto, o no lo leen correctamente y lo malentienden. Piensan que, si están andando en luz, entonces no tienen ningún pecado, pero no es eso lo que dice. Dice que, cuando andamos en luz, Dios nos limpia de nuestro pecado. Eso se debe a que la luz puede localizar y exponer el pecado.

Permítame explicarlo. ¿Alguna vez se ha despertado en mitad de la noche y ha intentado caminar a oscuras para ir al baño o a la cocina a beber agua? Aunque usted conozca el camino y su entorno, cuando está en la oscuridad no puede verlo todo. Por ejemplo, quizá dejó unos zapatos en medio de la habitación, o tal vez su mascota dejó un juguete, o puede que no calculara bien la longitud de la mesa. Sea lo que fuere, en la oscuridad no puede verlo todo. La mayoría de nosotros hemos aprendido esa lección por las malas.

Cuando está oscuro, no vemos las cosas tal como son realmente. Quizá usted piense que todo va bien y que puede recorrer su entorno, cuando realmente no es así. Quizá cree que sabe lo que está haciendo, pero como está en la oscuridad, no puede saberlo con certeza.

Solo al encender la luz es cuando podemos ver todo lo que verdaderamente hay. La luz revela lo que podría interponerse en su camino. Revela un obstáculo con el que podría tropezar. Revela lo que se ha quedado fuera de su sitio. Cuando usted lo ve, puede hacer ajustes y actuar en consecuencia.

Una de las maneras de saber que tiene un corazón limpio es que reconoce el pecado en su vida y quiere arreglarlo; no es el hecho de no ver pecado alguno en su vida. Es cuando usted no está cegado a lo que está creando obstáculos en su camino. La luz le permite ver la injusticia que hay en su interior para poder después lidiar con ella.

Muchos de nosotros deberíamos estar cansados a estas alturas de estar ciegos espiritualmente y de no poder ver la realidad espiritual que tenemos delante. Deberíamos estar cansados de golpearnos espiritualmente los dedos de los pies, o de chocarnos las rodillas espirituales, o de tropezarnos con obstáculos espirituales. Deberíamos estar cansados de tropezar con cosas una y otra vez en lugar de lidiar con lo que está haciendo que caigamos.

Pero solo podemos ver claramente en la luz. Solo podemos ver claramente cuando estamos dispuestos a permitir que la luz de Cristo brille en nuestro corazón y revele las áreas que tenemos que abordar.

La visión espiritual tiene que ver con mirar las cosas con los ojos espirituales. Tiene que ver con reconocer la luz de Dios y la gracia que Él nos da. Si usted hace la vista gorda ante su propio pecado, nunca sabrá que necesita la gracia de Dios; y, hasta que la gracia de Dios comience a bombear su corazón espiritual, no podrá eliminar la acumulación de placa que ha provocado el pecado.

Una de las razones por la que muchos estamos viviendo una vida tan frustrada es porque no podemos ver lo que Dios pretende hacer. Lo único que podemos ver es lo que la gente pretende: lo que nosotros, nuestra pareja, o nuestros colegas de trabajo pretenden. Y, hasta que descubramos el poder de un corazón limpio y lo que revela espiritualmente, seguiremos atrapados por lo que vemos físicamente.

Muchas personas en la actualidad intentan comer alimentos orgánicos todo lo posible. No quieren comer cosas que hayan sido rociadas con pesticidas. Hemos descubierto, con el tiempo, que la acumulación de pesticidas a la que estamos expuestos mediante varios alimentos introduce sustancias contaminantes en el cuerpo que se pueden acumular con el paso del tiempo y provocar enfermedades o dolencias. Por lo tanto, aunque quizá tenga que pagar un poco más, o conducir un poco más lejos para encontrar supermercados orgánicos, muchas personas están dispuestas a hacerlo. Están dispuestas a pagar más o manejar hasta más lejos para conseguir alimentos que no hayan sido contaminados por el hombre.

Por desgracia, lo que hemos permitido que haga la humanidad es rociar el pesticida de este mundo sobre nuestra alma, y después nos preguntamos por qué el corazón no funciona bien. Nos preguntamos por qué nuestros ojos no funcionan bien. Nos preguntamos por qué no tenemos celo espiritual como los profetas de antaño. Nos preguntamos por qué no podemos mantenernos enfocados en la Palabra de Dios durante más de un versículo o dos.

Hemos permitido que las sustancias contaminantes del mundo contaminen nuestro corazón, de modo que ya no actuamos como Dios lo planeó originalmente. Si regresamos a Dios y dejamos de tener doble ánimo, dejamos de querer seguir caminando a ciegas, dejamos de intentar mezclar el caos del mundo con el mensaje de Dios, entonces podemos descubrir lo que significa sanar espiritualmente. Podemos sanar nuestro corazón, fortalecer nuestra visión, y experimentar el bienestar que viene de tener todos los nutrientes espirituales que necesitamos para desarrollarnos.

Para hacer eso, usted debe tener un corazón limpio. Tiene que estar dispuesto a que Dios le muestre lo que está mal o fuera de lugar para que pueda confesarlo y arrepentirse de ello. Reconocer que es pobre de espíritu, cultivar consciencia de su propia ineptitud espiritual con base en la verdad de la Palabra de Dios, le permite ser limpio de corazón. De esta manera podrá ver a Aquel de quien tiene que recibir la suficiencia y la satisfacción que necesita. Cada uno de estos valores del reino se construye de alguna manera sobre los anteriores, y cada uno contribuye a los que Jesús aún nos presentará. Veremos esto con más claridad al examinar los dos últimos valores del reino: vivir como un pacificador y ser perseguido por causa de la justicia de Dios.

13

LOS PACIFICADORES

En 1945 se estableció la Organización de las Naciones Unidas. Uno de sus principales objetivos era mantener la paz global. Debido a los constantes conflictos y guerras que se habían producido durante las décadas anteriores, líderes de gobiernos intentaron crear una forma de facilitar la armonía entre las naciones. La guerra parecía algo muy natural para el género humano, especialmente cuando venía unida al deseo de poder y control. Por ello, había la necesidad de una entidad que ayudara a orquestar la paz en todo el mundo.

Las Naciones Unidas estableció un proceso mediante el cual buscaría mantener esta paz. Uno de los aspectos de este proceso conllevaba enviar fuerzas pacificadoras para ayudar en la mediación y mitigar desacuerdos y conflictos entre naciones.

Ahora bien, podría parecer un gran esfuerzo crear toda una entidad solamente para mantener la paz, pero históricamente, la paz ha sido algo muy difícil de conseguir. En tres mil cuatrocientos años solo ha habido doscientos sesenta y ocho años de ausencia de guerras.[2] Guerras, conflictos, y luchas por el poder y por conseguir territorios han sido el estado normal de nuestro mundo.

Desgraciadamente, la guerra no solo es algo normal para las naciones, sino que también parece ser normal para muchos de nosotros, incluso los que nos llamamos cristianos. Puede ser una guerra interna en un individuo en cuanto a sus necesidades, antojos, urgencias y deseos. O podría aparecer en guerras relacionales libradas en el matrimonio. He visto a demasiadas parejas que parece que les unió el secretario de guerra y no un juez de paz. Cada día es una nueva pelea o batalla. Y existen otros tipos de conflictos familiares, ya sea entre padres e hijos o entre hermanos.

A algunos de ustedes les parece que están entrando en una zona de guerra cuando van al trabajo. Podría ser un conflicto con su supervisor o con ciertos colaboradores. Después, claro está, existen las guerras culturales que todos hemos experimentado, especialmente durante estos últimos años. Ya sea que se trate de diferencias raciales o diferencias políticas, los conflictos sociales han aumentado en nuestra tierra hasta ocupar un lugar dominante en nuestro panorama cultural.

Al margen de la naturaleza del caso y de dónde pueda surgir, parece que dondequiera que uno mire en estos días hay una batalla. Lo mismo ocurrió también en los días de Jesús. Por eso encontramos que nuestro siguiente valor del reino tiene que ver con mantener la paz. Leemos en Mateo 5:9: *Bienaventurados los pacificadores, porque ellos serán llamados hijos de Dios.*

Para entender mejor qué es un pacificador, tenemos que ver qué es la paz. La paz es armonía, más notablemente donde solía existir un conflicto. La paz es más que una tregua. A fin de cuentas, dos personas o dos naciones pueden dejar de luchar físicamente y

---

2. Chris Hedges: "What Every Person Should Know about War", *The New York Times*, 6 de julio de 2003, https://www.nytimes.com/2003/07/06/books/chapters/what-every-person-should-know-about-war.html.

seguir viviendo en una guerra fría. Algunas parejas casadas asumen que tienen paz en su relación porque no se hablan entre ellos. Pero eso no es paz. Eso es una guerra fría relacional. Nunca deberíamos conformarnos con una guerra fría y pensar que significa que tenemos paz. La paz es mucho más que la eliminación de un conflicto abierto. La paz incluye resolver el conflicto exponiendo la fuente de la contención para tratarlo.

Vivir con este valor del reino de la pacificación es vivir como alguien que no huye del conflicto, sino que le hace frente con verdad, con la intención de resolverlo. Un pacificador es más que un mediador. Es alguien más que otro que se pone entre los que están en conflicto y les dice que no peleen. Un pacificador busca y encuentra maneras de resolver el conflicto en cuestión. Un pacificador debe ser capaz de retirarse de los combatientes y conseguir que se lleven bien, porque han experimentado una verdadera resolución del problema.

Por eso la paz siempre debe ir acompañada de la justicia. Me encanta cómo explica esta relación el Salmo 85:10: *La misericordia y la verdad se encontraron; la justicia y la paz se besaron.* Cuando el amor y la verdad se encuentran, las bocas de la justicia y de la paz también conectan, produciendo los resultados necesarios.

Hebreos 12:14 describe la conexión de esta forma: *Seguid la paz con todos, y la santidad, sin la cual nadie verá al Señor.* Debemos seguir la paz, pero debemos recordar que esta búsqueda no puede carecer de santificación. Es decir, nuestra búsqueda de la paz no puede tener éxito sin los justos requisitos de Dios.

Cuando Adán y Eva pecaron contra Dios, crearon un conflicto. Crearon un conflicto con Dios, un conflicto entre ellos, y un conflicto dentro de su propia naturaleza. Este conflicto estuvo producido por su pecado. No fue hasta que se trató con el pecado cuando se pudo tratar con el conflicto.

La paz es un puente entre la verdad y la justicia. Tanto la verdad como la justicia deben existir si queremos que haya una paz duradera.

Cuando una mujer quiere alisarse los rizos de su cabello, la peluquera añade un tratamiento químico, a veces conocido como acondicionador, que neutraliza el impacto de una permanente. El propósito del agente neutralizador es impedir que la permanente dañe químicamente el cabello. En otras palabras, si se deja la permanente en el cabello y no se neutraliza, terminará haciendo más mal que bien. De forma similar, un pacificador es alguien que entra en la escena de un conflicto para neutralizar dicho conflicto y no permitir que se produzca un daño mayor.

Ser un pacificador es ser alguien que se involucra de manera activa en la creación de armonía donde antes existía un conflicto.

> **Un pacificador busca y encuentra maneras de resolver el conflicto en cuestión.**
> **Un pacificador debe ser capaz de retirarse de los combatientes y conseguir que se lleven bien, porque han experimentado una verdadera resolución del problema.**

REFLEJAR EL CARÁCTER DE NUESTRO PADRE

Aquellos que deciden vivir conforme a este valor del reino, la bendición que recibirán es que "serán llamados hijos de Dios". Cuando una persona se convierte en un pacificador en lugar de alguien problemático, lo que Jesús enfatiza es que será notable. Esa persona será conocida y reconocida por sus frutos. Ahora bien, eso no cambia nuestro estado delante de Dios. Como hijo del Rey salvado por la fe en el sacrificio de Jesucristo, usted es un hijo o hija de Dios. Pero, cuando vive con este valor del reino como un énfasis impulsor en su propia vida, ahora será "llamado" hijo o hija de Dios. Las personas le reconocerán como un discípulo del reino: un verdadero seguidor de Jesucristo.

En tiempos bíblicos, decir que alguien era el hijo de algo o de alguien era un reflejo de su carácter. Por ejemplo, Bernabé fue llamado "hijo de consolación" porque consolaba a las personas (ver Hechos 4:36). Judas fue llamado el "hijo de perdición" (ver Juan 17:12) debido a que traicionó a Jesucristo (ver Mateo 26:14-16). Cómo llamaban a las personas revelaba su reputación. Podría ser una cualidad personal, como en los ejemplos anteriores, o podría ser un vínculo parental que refleja el carácter del padre o de la madre.

Por ejemplo, usted y yo somos hijos de Dios si hemos aceptado a Jesucristo como nuestro Salvador, pero eso no significa que reflejamos el carácter de Dios en nuestras palabras y acciones. Vivir como un pacificador es vivir como alguien que refleja verdaderamente a Dios. Como resultado, entonces seremos llamados, o conocidos, como el hijo o la hija de Dios porque reflejamos su carácter.

La Biblia nos dice que el carácter de Dios está compuesto por paz. Leemos que Dios es un Dios de paz (ver 1 Corintios 14:33). Jesús es conocido como el "Príncipe de paz" (ver Isaías 9:6). Su nacimiento da entrada a un periodo de *en la tierra paz, buena voluntad para con los hombres* (Lucas 2:14). Jesús dijo a sus discípulos que su atributo de la paz es lo que les dejaría (ver Juan 14:27). De hecho, cuando leemos el Nuevo Testamento, muchos de los libros comienzan con frases como "paz a vosotros".

La paz es un componente fundamental del carácter de Cristo. Por eso, vivir como un pacificador es identificarnos públicamente con Dios. Es alinearnos públicamente bajo este valor clave del reino. Cuando hacemos esto, seremos bienaventurados al ser reconocidos como hijo de Dios o hija de Dios.

Ser llamados el hijo o la hija de Dios es ser considerados como alguien que conoce a Dios de manera íntima y cercana. Eso se debe a que, si compartimos el carácter de Dios, y su carácter se ha fundido con el nuestro, significa que tenemos un contacto cercano con Dios. Estoy seguro de que usted habrá visto a una pareja casada que, con el tiempo, comienzan a parecerse. Y estoy seguro de que ha oído a una pareja casada que termina las frases el uno del otro. Eso se debe a que, con el tiempo, comienzan a mezclarse. Sus gestos, estilos, e incluso expresiones están cada vez más alineadas a medida que pasan mayor cantidad de tiempo juntos.

Estar tan cerca de Dios que reflejamos sus gestos, su corazón, e incluso sus expresiones, revela esa intimidad y cercanía a un mundo que observa. Cuando vivimos con este valor del reino, o incluso con todos los valores del reino que estamos explorando en nuestro tiempo juntos, reflejamos nuestra cercanía e intimidad con el Rey. Por el contrario, vivir con una actitud y un carácter de conflicto, amargura y división refleja la cercanía que compartimos con el diablo.

La agenda de Satanás es crear conflicto y división. La razón por la que esa es su meta general se debe a que sabe que Dios es un Dios de unidad, un Dios de paz. Siempre que Satanás pueda lograr que los creyentes se peleen o se dividan, está apuntando al corazón mismo de Dios. Satanás sabe que Dios no habita en la división ni permanece en la falta de unidad.

De hecho, Satanás conoce la Escritura mejor que usted y yo. Ha tenido mucho más tiempo para aprenderla, probarla y trazar estrategias acerca de cómo suplantarla. Sabe que 1 Pedro 3:7 indica que Dios no escuchará las oraciones de un esposo que esté en conflicto con su esposa. Dice: *Vosotros, maridos, igualmente, vivid con ellas sabiamente, dando honor a la mujer como a vaso más frágil, y como a coherederas de la gracia de la vida, para que vuestras oraciones no tengan estorbo.*

Podemos ver por qué Satanás está tan ocupado buscando crear un conflicto matrimonial. Si puede lograr que una pareja discuta, si puede avivar peleas entre ellos, les arrebata de modo eficaz su acceso a la autoridad del reino, porque ha eliminado la capacidad del esposo de orar con el potencial para marcar un impacto.

También por eso Satanás quiere que surjan problemas en una familia entre los padres y los hijos o los hermanos. Y por eso busca crear confusión y desorden en la Iglesia. Sin duda, por eso Satanás trabaja tiempo extra para dividir a las personas en todos los frentes en la cultura en general. Mientras más pueda dividirnos, más poder tiene sobre nosotros porque nos ha distanciado de lo único capaz de vencerlo a él: la autoridad del reino de Dios.

Satanás no solo pretende destruir nuestras emociones o inquietar nuestros pensamientos. Al hacerlo, busca derribar también a otras personas. Mientras más personas haya con emociones agitadas y pensamientos destructivos que viven con peleas o interactuando en el trabajo, más fácil es mantener divididas a las personas. Y, cuando Satanás mantiene alejadas a las personas, también tiene éxito en lograr que tengan acceso a la autoridad del reino en un mundo infernal.

Cuando usted y yo recurrimos a vivir como contribuidores al conflicto en lugar de ser pacificadores, inconscientemente hemos escogido un bando. Nos hemos alineado bajo la agenda del diablo. Dios es un Dios de armonía y unidad. Eso no significa que todos tengamos que estar de acuerdo o ver las cosas del mismo modo, pero sí significa que, en nuestros desacuerdos, nos expresamos a nosotros mismos de una manera que demuestra que estamos unidos en una meta común, que es la de avanzar la agenda del reino de Dios en la tierra.

Si podemos estar de acuerdo en eso, podría sorprendernos en cuántas otras cosas podemos estar de acuerdo también. La unidad es algo muy poderoso. Leemos en Mateo 18:19-20:

> *Otra vez os digo, que si dos de vosotros se pusieren de acuerdo en la tierra acerca de cualquiera cosa que pidieren, les será hecho por mi Padre que está en los cielos. Porque donde están dos o tres congregados en mi nombre, allí estoy yo en medio de ellos.*

Jesús desciende y ocupa su lugar como el centro entre nosotros cuando existen acuerdo y unidad. Tengamos en mente que, cuando Jesús interviene, su poder y su autoridad también intervienen.

Por lo tanto, podemos ver por qué el diablo tiene interés en romper los acuerdos entre personas. Está en el interés del diablo causar división y avivar las brasas de la envidia, la desunión y la desconfianza. Cuando hace eso, caemos en la trampa de limitar nuestras propias oraciones a Dios.

Hay muchos de nosotros que realmente estamos bloqueando el movimiento de Dios en nuestras propias vidas porque vivimos en un conflicto continuado, o estamos bloqueando la autoridad de Dios para anular al enemigo y sus tácticas en nuestras vidas porque participamos en la desunión.

Cuando nuestras emociones y nuestros pensamientos son zonas de guerra porque nos negamos a estar unidos bajo Dios y la autoridad de su reino, pagamos el precio. Podríamos pensar que, cuando nos enojamos con alguien o cuando juzgamos a alguien con quien estamos en desacuerdo, estamos dañando o descartando a esa persona, pero en realidad nos dañamos y descartamos a nosotros mismos. Mientras más conflicto tengamos en nuestro propio corazón, más caos invitamos a que entre en nuestra vida y nuestras circunstancias.

Bienaventurados los pacificadores porque ellos tendrán el poderoso testimonio del poder de Dios. Ser bienaventurado o dichoso es que Dios intervenga cuando más lo necesitamos. Es ver la mano de Dios en medio de nuestras pruebas y desafíos. Es experimentar la autoridad de Dios cuando Él anula, supera o elimina aquello que Satanás ha enviado para derribarnos. Una bendición no es una palmadita en la cabeza o una palabra de ánimo. Una bendición accede a poder, oportunidades y la autoridad del reino. Una bendición abre puertas.

Muchos estarán familiarizados con la historia del hombre que estaba sentado afuera de la Casa Blanca a mitad del siglo XIX. Había tomado asiento en uno de los bancos del parque que estaba vacío. Poco después de sentarse, comenzó a llorar. Se acercó a él un muchachito y le preguntó qué le sucedía. El hombre le dijo al muchachito que tenía un gran problema familiar que solamente el presidente podía resolver; pero mientras decía esas palabras, su voz temblaba porque continuó: "Pero no me dejan entrar para ver al presidente".

Fue entonces cuando el muchachito lo tomó de la mano y le pidió que lo acompañara. Pasaron al lado de los guardias. Pasaron al lado de las barreras. Pasaron al lado de los guardias del interior. Y entonces entraron en el Despacho Oval, donde el muchachito dijo: "Papá, este hombre quiere hablar contigo". El presidente Lincoln se dirigió al hombre y le prestó su atención. En otras palabras, debido a la relación del hijo con el padre, el presidente Lincoln, y debido a la relación del hombre con el hijo, se le abrieron puertas que no habría podido atravesar él solo.

Vivir conforme al valor del reino de ser un pacificador no es solamente para monjes y monjas, o para personas que marchan por la paz. Es un valor del reino fundamental que, si lo adoptamos como modo de vida, nos abrirá las compuertas de los cielos. Este reconocimiento divino de ser hijo o hija de Dios nos da acceso instantáneo al Rey, y nos da acceso a la oración contestada. Podemos oír palabras de los cielos, mientras que, antes, nuestras oraciones a menudo rebotaban contra el techo. Seremos bienaventurados.

PAZ MEDIANTE LA CRUZ

Tenemos acceso a nuestra bendición cuando colaboramos con la obra del Espíritu Santo en nuestra vida para así poder disfrutar de la paz que Jesús vino a darnos. El modo de conseguir esa paz es mediante la sangre de Cristo. Jesús nos da paz mediante la cruz. Examinemos eso más de cerca en Efesios 2:13-18, que dice:

> *Pero ahora en Cristo Jesús, vosotros que en otro tiempo estabais lejos, habéis sido hechos cercanos por la sangre de Cristo. Porque él es nuestra paz, que de ambos pueblos hizo uno, derribando la pared intermedia de separación, aboliendo en su carne las enemistades, la ley de los mandamientos expresados en ordenanzas, para crear en sí mismo de los dos un solo y nuevo hombre, haciendo la paz, y mediante la cruz reconciliar con Dios a ambos en un solo cuerpo, matando en ella las enemistades. Y vino y anunció las buenas nuevas de paz a vosotros que estabais lejos, y a los que estaban cerca; porque por medio de él los unos y los otros tenemos entrada por un mismo Espíritu al Padre.*

Un punto importante para recordar es que la cruz es un lugar doloroso. Es un lugar de sangre, juicio, clavos y lanzas. No es un lugar lindo o un acontecimiento hermoso, como algunas veces intentamos que sea al decorar con cruces nuestros hogares. Se produce tristeza en la cruz porque es el lugar donde se hace expiación por el pecado.

La cruz es fea y dolorosa porque es allí donde Jesús derramó su sangre para poder ofrecernos la paz que anhelamos y necesitamos tan desesperadamente. La única razón por la que podemos ser bienaventurados y experimentar paz es porque Jesús tomó nuestro castigo en la cruz. La sangre que cubre nuestro pecado personal para darnos entrada a la paz personal es la misma sangre que cubre el pecado de los demás. Si usted quiere ser un pacificador en las vidas de otras personas, o incluso en sus propias relaciones, tiene que aplicar la sangre, de modo que lidiará con el pecado y lo cubrirá. Es la sangre de Cristo lo que produce la paz, y el modo en que aplicamos la sangre es al encarar el pecado y arrepentirnos de él. Si no lidiamos con el pecado que está causando el conflicto, tampoco viviremos como pacificadores.

El papel de un pacificador es siempre el de ayudar a otros a identificar el pecado que está causando el caos, para así poder abordarlo. La mayor parte del conflicto en nuestro mundo se permite que permanezca y eche raíces porque nadie quiere lidiar con el pecado que le dio inicio. Pero la Biblia nos dice: *No hay paz para el malvado, dice el Señor* (Isaías 48:22, NVI). Cuando individuos o entidades se niegan a lidiar con el pecado de una forma que honre a Dios, pueden olvidarse de experimentar paz.

Usted puede pasar el resto de su vida como cristiano en conflicto perpetuo si no está dispuesto a reconocer, abordar y eliminar el pecado en su vida. Debemos arrancar la raíz si queremos eliminar el fruto podrido que el pecado ha causado a nuestro alrededor, e incluso en nuestro interior, y hacemos eso regresando a la verdad. La verdad revela el pecado, porque la verdad está basada en una norma absoluta mediante la que se mide la justicia.

Cuando recibo mi reporte bancario y llega el momento de balancear mi chequera o mi propio listado de gastos personales y ambas cosas no concuerdan, no puedo simplemente tomarlo a la ligera. No puedo decir que prefiero la cantidad que yo he registrado en lugar de la cantidad del banco. Si mi listado de gastos y el reporte bancario no concuerdan, tendré que reconciliarlo. El único modo de reconciliar un reporte bancario con nuestro listado personal de gastos es ubicar dónde está el problema. Cuando podemos identificar el problema, entonces podemos corregir ese problema. No pasamos por alto descubrir dónde está el error si realmente queremos saber lo que tenemos a nuestra disposición.

De modo similar, no podemos pasar por alto el pecado y decir solamente que todo irá bien. Si Dios y usted no están en la misma página con respecto a los errores y los problemas que hay en su vida, o en las vidas de quienes le rodean y a quienes Él le está pidiendo que ayude a descubrir paz, usted no tendrá acceso a la paz genuina. Podría fingir que tiene paz, igual que yo podría fingir que tengo más dinero en mi cuenta bancaria. Pero solamente en la reconciliación es donde usted descubrirá lo que tiene verdaderamente y lo que puede utilizar.

> **La mayor parte del conflicto en nuestro mundo se permite que permanezca y eche raíces porque nadie quiere lidiar con el pecado que le dio inicio.**

El físico sueco Alfred Bernhard Nobel creó la dinamita. Sus intenciones eran puras con respecto a que quería crear un explosivo que pudiera utilizarse para mover la roca para que pudieran construirse carreteras o levantarse edificios. Él quería crear una fuerza lo bastante potente para abrir canales para el transporte. Quería mejorar la vida.

El problema es que las personas tomaron la invención de Nobel y la utilizaron de un modo que nunca fue intención de él. Utilizaron su dinamita para la destrucción e incluso produjeron muerte a gran escala. Al ver en qué se había convertido su invención, Nobel se propuso contrarrestarlo. Se propuso incentivar a personas que contrarrestaran la destrucción. Tomó sus propios fondos y comenzó a galardonar a personas que promovían la paz.

Con el tiempo, las personas que fueron honradas llegaron a ser conocidas como ganadores del Premio Nobel de la Paz.

Las personas que recibieron este galardón fueron aquellas que buscaban establecer la paz y no la guerra. Buscaban vivir como pacificadores, no como causantes de problemas.

Dios está buscando ganadores de su propio galardón. Él busca ganadores del premio Jesús de la Paz a quienes bendecir. Quiere ver quién está utilizando sus dones y su creación para bien y no para mal. Quiere ver quién está aplicando la sangre de Jesucristo a situaciones y conflictos en la vida para fomentar la paz. Dios quiere bendecirle a usted, pero le está pidiendo que haga algo para demostrar que está posicionado para recibir esa bendición. Él le pide que dé un paso al frente e intervenga en medio del caos y la confusión que existen dentro y fuera, y busque producir paz.

14

LOS PERSEGUIDOS POR CAUSA DE LA JUSTICIA

Le felicito por leer este último capítulo. Muchas personas que leen este libro quizá no lo harían, pues se necesita valentía para leer acerca de este valor del reino porque conlleva cierto sacrificio. Jesús ha estado hablando de diversos valores del reino conforme a los cuales deberíamos vivir si queremos experimentar una vida de bendición, pero termina con uno que podría ponernos nerviosos a la mayoría de nosotros. Jesús no ahorró palabras, ni tampoco deberíamos hacerlo nosotros. Vayamos directamente. El último valor del reino que debemos aceptar y practicar se nos dice que es el siguiente: *Bienaventurados los que padecen persecución por causa de la justicia, porque de ellos es el reino de los cielos* (Mateo 5:10).

Ahora bien, si eso no le asustó lo suficiente como para cerrar este libro, Jesús toma un momento para hacer hincapié en este valor. Cada uno de los demás valores del reino se comunica con una sola frase sucinta, pero este tiene un doble impacto. Jesús continúa, por si alguien se perdió lo que dijo:

Bienaventurados sois cuando por mi causa os vituperen y os persigan, y digan toda clase de mal contra vosotros, mintiendo. Gozaos y alegraos, porque vuestro galardón es grande en los cielos; porque así persiguieron a los profetas que fueron antes de vosotros. (vv. 11-12)

Observemos que este valor del reino de doble impacto llega también con una doble bendición. Cada uno de los demás valores nos da una bendición, pero este último duplica la bendición. Esta bendición se refiere no solo a lo que podemos recibir mientras estamos en la tierra mediante la presencia de Jesucristo y de su favor en nuestra vida, sino también a los "tesoros" que acumulamos en los cielos (ver Mateo 6:19-20). Jesús recuerda a sus oyentes que somos bienaventurados por partida doble cuando somos perseguidos, insultados y vituperados por causa de la justicia y de su reino.

Pero, aunque Él lo dice con claridad y lo dice dos veces, aun así parece ser incongruente porque normalmente no asociamos una bendición con dificultades y persecución. Cuando profundizamos un poco más en el significado del término griego que se traduce como "perseguidos", hace que sea incluso más difícil ver la conexión. La traducción literal significa ser acosados. Se refiere a ser tratados de manera malvada y negativa. Puede incluir insultos, abuso, lenguaje despiadado, e incluso acusaciones falsas.

Solamente escribir estas cosas me da escalofríos. Probablemente le produjo a usted lo mismo cuando las leyó. A ninguno de nosotros nos gusta que nos acosen ni tampoco ofrecernos voluntarios para el acoso. Pero Jesús concluye su énfasis en los valores del reino diciendo que somos bienaventurados por ser acosados por causa de la justicia. Tengamos en mente que no dice que usted y yo somos bienaventurados por ser acosados por cualquier otra razón. La bendición está vinculada al "porqué".

Esta bendición se da a aquellos que son perseguidos o acosados por causa de su nombre, de su justicia, o de la agenda de su reino.

Este tipo de persecución se produce cuando decidimos hacer lo correcto o decir lo correcto por motivos de justicia, y enfrentamos los efectos colaterales de nuestra decisión. Cuando enfrentamos persecución vinculada al hecho de estar practicando los valores del reino de Dios y somos relacionados con Jesucristo, es entonces cuando podemos esperar una bendición.

Tengamos en mente que la bendición es un extra. Porque la Escritura a menudo nos dice que, cuando seguimos a Cristo como Rey, enfrentaremos adversidad. Habrá oposición. Pablo dice: *Y también todos los que quieren vivir piadosamente en Cristo Jesús padecerán persecución* (2 Timoteo 3:12). Si decidimos vivir como discípulos del reino, estamos marcando la casilla en los términos que dicen: "dispuesto a ser perseguido". Eso es parte del trato.

De hecho, si usted no está enfrentando persecución u oposición espiritual de ningún tipo, entonces puede suponer que no está viviendo una vida piadosa basada en los valores del reino. Si no hay absolutamente ninguna repercusión negativa que llegue a su camino a causa de su fe y de las decisiones que toma basándose en ella, entonces su fe no está siendo claramente demostrada. Es usted un cristiano agente secreto, o un operativo de la CIA espiritual. La persecución es parte del proceso de la vida del reino.

Cuando usted decidió vivir como un cristiano visible porque quería alinearse con el sistema de valores del reino de Dios, decidió ser un problema en esta época posmoderna, en la que los valores cristianos ya no son el sistema de valores normativo de la cultura. Mientras más se aleja una cultura de una cosmovisión cristiana, quienes viven conforme a los valores del reino parecerán ser más peculiares y serán perseguidos.

Ahora bien, parecer peculiar no significa que tengamos la intención de ser extraños. Simplemente significa que destacaremos y seguiremos un ritmo diferente. Nos separaremos de la multitud, como alguien que escucha una voz diferente y se adhiere a una norma distinta llamada justicia. La norma de Jesús de los valores del reino está diametralmente opuesta a los valores del mundo. Cuando usted decide aceptar la norma de su reino como un estilo de vida, invitará a su mundo a la persecución o el acoso espiritual.

Estoy seguro de que había alguien en su clase en la escuela, como me sucedió a mí, que "establecía la curva". Cuando el maestro decía que él o ella calificaría según una curva, eso significaba que la calificación más alta serviría como la calificación perfecta. En ese caso, la mayoría de nosotros esperábamos que la calificación más alta no fuera tan alta. Pero siempre había alguien que parecía alcanzarla. Siempre había alguien que tenía que arruinar la bendición de la curva para el resto de nosotros.

> Si no hay absolutamente ninguna repercusión negativa que llegue a su camino a causa de su fe y de las decisiones que toma basándose en ella, entonces su fe no está siendo claramente demostrada. Es usted un cristiano agente secreto, o un operativo de la CIA espiritual. La persecución es parte del proceso de la vida del reino.

Pues bien, el problema con Jesús es que, siempre que aparecen Él o sus valores del reino, arruinan la curva del mundo. Él establece una norma demasiado alta. Él sube el nivel. Mientras las personas puedan compararse a sí mismas con otras personas, todo el mundo pasa. Pero, cuando aparecen Jesús y sus valores del reino, surgen problemas para todos los demás. Jesús revela las normas de justicia de Dios.

Y, cuando usted y yo decidimos vivir conforme a esas normas de justicia, hacemos que otras personas, y sus normas más bajas, se vean mal. Demostramos que la paz es más productiva que el caos.

Demostramos que el amor es más poderoso que el odio. Revelamos que las familias pueden permanecer unidas y los empleados pueden trabajar duro, incluso cuando no hay nadie cerca para ver lo que están haciendo. Nosotros elevamos la norma y, al hacerlo, invitamos a la persecución.

A nadie le gusta que otra persona aparezca y revele cuán lejos se está quedando. Jesús hizo eso cuando vino a la tierra. Y nosotros hacemos eso como discípulos del reino cuando ponemos en práctica los valores del reino que Él estableció para nosotros. Por lo tanto, igual que Jesús fue perseguido cuando caminaba por la tierra, nosotros podemos esperar lo mismo. De hecho, Él nos dice eso en Juan 15:20-21. Leemos:

> *Acordaos de la palabra que yo os he dicho: El siervo no es mayor que su señor. Si a mí me han perseguido, también a vosotros os perseguirán; si han guardado mi palabra, también guardarán la vuestra. Mas todo esto os harán por causa de mi nombre, porque no conocen al que me ha enviado.*

En otras palabras, lo que le hicieron a Jesús nos lo harán a nosotros cuando decidimos seguirlo como nuestro Señor y Rey. A medida que adoptamos cada vez más valores del reino, estaremos manifestando delante de otros la presencia de Cristo. El mismo nivel de odio, fuerte crítica y persecución que Él experimentó tiene el potencial de llegar también hasta nosotros.

CONFLICTO EN EL SISTEMA DE VALORES

La razón por la cual muchos de nosotros no enfrentamos ninguna persecución espiritual es porque no estamos viviendo con los valores del reino. Cuando el mundo mira nuestro sistema de valores, no ve mucho que sea diferente al que ellos tienen. Cedemos porque queremos ser aceptados. No defendemos la justicia porque no queremos que nos califiquen como personas extrañas.

Intentamos sobrevivir, asistiendo a la iglesia solamente de vez en cuando porque no queremos que nos vean como un seguidor de Cristo totalmente comprometido. Pero, al hacerlo, también nos perdemos la bendición, que llega a quienes son perseguidos por causa de la justicia. No llega a quienes tan solo se llaman a sí mismos cristianos.

Somos bienaventurados cuando actuamos según la norma divina llamada justicia. Somos bienaventurados cuando nos relacionamos públicamente con Jesucristo mediante nuestras decisiones y conducta.

En el pasado, a menudo veíamos un gran odio hacia los Estados Unidos en el Oriente Medio, y uno de los motivos principales era nuestra relación con Israel. Ya que Israel era profundamente odiado por muchas naciones del Oriente Medio, nuestra asociación pública como estadounidenses con Israel produjo odio hacia nosotros también. Lo que Jesús está diciendo en este último valor del reino es que, cuando nos alineamos públicamente con Él y afirmamos como nuestro su sistema de valores del reino, otras personas sentirán acerca de nosotros lo que sienten acerca de Él. Y, como es obvio que no lo quieren a Él, tanto que lo crucificaron, podemos esperar el mismo nivel de menosprecio hacia nosotros.

El problema que usted enfrentará cuando adopta un sistema de valores del reino es que entra en conflicto con el sistema de este orden mundial. Se produce un choque de opiniones que se mostrará en cómo lo tratan a usted. Adoptar los valores del reino creará problemas y provocará insultos. Podría influenciar negativamente su potencial para el ascenso en el trabajo, y también afectar a quiénes cae bien usted en su lugar de trabajo. Cuando vive y habla conforme a la ética del reino, eso afectará sus asociaciones en otros lugares. Se debe a que vivir con un sistema de valores del reino en un mundo que no los acepta invitará a que se produzca rechazo y odio.

La última vez que lo comprobé, ninguno de nosotros quiere experimentar rechazo u odio, y es natural no querer esas cosas en nuestra vida. Por lo tanto, a fin de vivir verdaderamente según el sistema de valores del reino, necesitaremos resistir el impulso de alterarlos para encajar en la cultura. Tendremos que resistir nuestro impulso interior de mantenernos por debajo del radar de quienes nos rodean. Tendremos que ser más firmes y descubrir la valentía que se requiere para mantenernos en defensa de la verdad, la cual es atacada y calumniada con tanta frecuencia en la actualidad.

No podemos cambiar los valores del reino y seguir teniendo entrada a la bendición. No podemos reescribirlos y esperar obtener el favor de Dios que está vinculado a ellos. Su bendición llega cuando adoptamos sus valores y los practicamos en nuestra vida.

Lo que Dios desea al establecer este sistema de valores del reino incentivado es mantener una norma de justicia en un mundo infiltrado de maldad. Él no ha cambiado su norma solamente porque la sociedad la ignore. Él desea que estemos a la altura de ella como modo de manifestarlo a Él y su presencia ante quienes nos rodean. Cuando hacemos eso, dirigimos la atención a Él, le damos gloria, lo honramos cuando señalamos cuán alejado está verdaderamente el orden mundial de Satanás, al igual que aquellos que han decidido actuar según ese orden.

Cuando usted y yo llevamos la luz de los valores del reino a nuestras esferas de influencia, reflejamos la norma de Dios ante los demás. Los ayudamos a ver dónde necesitan ajustarse, arrepentirse y crecer. Es cierto que a ellos quizá no les guste ni lo agradezcan, pero, si respondemos a la norma del reino de Dios, ellos finalmente serán también bendecidos.

Sé que quizá se esté rascando la cabeza ante lo que ha leído en este último capítulo. Porque, hasta ahora, solamente nos hemos enfocado en lo malo. Y, si los puntos negativos relacionados con el sistema de valores del reino existen a un nivel tan elevado, entonces es confuso cómo se pueden denominar bendición. Pero eso es exactamente lo que Jesús dice que son: dos veces.

De hecho, Jesús hace hincapié en la bendición que es cuando nos dice que nos gocemos y alegremos por cualquier persecución que enfrentemos por causa de la justicia. El motivo por el que podemos alegrarnos con alabanza se debe a lo que recibimos a cambio. Jesús dice que debiéramos ser capaces de sonreír cuando somos perseguidos, porque se nos asegura que de nosotros "es el reino de los cielos".

Vimos esta frase anteriormente cuando estudiamos lo que significa ser pobre en espíritu. Es una frase que enmarca y rodea los valores del reino que debemos practicar. Lo que significa es que las personas que experimentan repercusiones negativas debido a su identificación con Cristo y con sus valores del reino también verán que los cielos dominan sobre la tierra. En lugar de quedar enredados y atrapados en el reino de la tierra, donde gobiernan los hombres, o el diablo y sus secuaces, llegarán a ver el reino de los cielos, donde gobierna Dios.

Cuando parece que el reino de la tierra está evitando que avancemos, ya sea por negarnos un ascenso o por excluirnos de actividades, llegaremos a ver lo que sucede cuando Dios demuestra que Él es el gobernador supremo y el soberano sobre todo. La sociedad podría buscar controlar nuestra mente, nuestras emociones, incluso nuestra productividad; pero la sociedad tendrá que rendirse a Dios cuando nosotros lo invitemos a intervenir. Si nos aferramos a su sistema de valores del reino, Él dominará los sistemas de esta época.

Como seguidor del reino, usted sabrá lo que significa que lo sobrenatural invada lo natural. Conocerá de primera mano lo que es que los cielos invadan la historia. Llegará a experimentar la eternidad dominando la tierra. Llegará a ver cómo es Dios cuando actúa e interviene en nuestras vidas.

Una de las razones por las que muchos de nosotros nunca hemos visto a Dios dominar nada o a nadie en nuestras vidas es porque no hemos decidido vivir según los valores del reino. Nunca hemos tenido una situación en la que Dios vio que estábamos actuando y hablando conforme a sus valores del reino, de modo que Él pudiera actuar y hablar en nuestra defensa. Dios no interviene solamente porque lo necesitamos. Él interviene cuando ve que hemos decidido vivir según su norma.

Si usted decide no identificarse con la persona o los valores del Rey, no llegará a ver el reino de los cielos dominando el reino de los hombres.

Una de las experiencias más gráficas de eso sucedió cuando yo trabajaba en una estación de tránsito descargando vehículos en la noche, mientras estudiaba en el seminario. Poco tiempo después de comenzar a trabajar allí, me vi ante una estrategia. La estrategia implicaba marcar las tarjetas de control para que así las personas pudieran irse a dormir unas horas durante el turno. Estaba establecida según una rotación, para que así todos pudieran dormir en algún momento durante la semana.

Pero, cuando me explicaron la estrategia, yo les dije que no podía participar. Expliqué que se consideraría un robo irse a dormir en las horas de trabajo. Los demás procedieron a presionarme y me dijeron que todos lo hacían, pero yo no cedí. Como podrá imaginar, eso me hizo ganarme el apodo de "Rev", y también algunos otros nombres que no pondré en este libro. Además, también me dio la oportunidad de cargar y descargar vehículos sin tener ninguna ayuda. Decidieron que me enseñarían una lección por no querer participar en su estrategia. Para ser sincero, fue duro. Un mes tras otro me dejaban solo a menudo para cargar y descargar pesadas bolsas porque yo no quería seguir su juego.

Cuando pasaron unos tres meses, recibí una llamada de la oficina del gerente. El gerente quería que fuera a hablar con él cuando saliera de trabajar a las 7 de la mañana. Mientras iba de camino a su oficina, no podía imaginar de lo que él quería hablarme, pero lo que me dijo me sorprendió, e ilustra perfectamente lo que Jesús había dicho en su Sermón del Monte. Yo había estudiado el sermón en el seminario, pero Dios me dio una nueva perspectiva de él en persona.

Cuando llegué a la oficina, el gerente me explicó que había enviado a un supervisor infiltrado para echar un vistazo a cómo se realizaba el turno de noche. Mientras examinaban a los empleados y su ética de trabajo, descubrieron la estrategia. Me explicó que eran plenamente conscientes de que los empleados marcaban mutuamente sus tarjetas de control para que alguien pudiera irse a dormir. Dijo que también sabían perfectamente que yo no participaba en la estrategia y, como resultado —dijo sonriendo— querían ascenderme a supervisor nocturno para que yo pudiera supervisar a todos los demás. No solo eso; también me dieron un aumento de salario.

Ese es solamente uno de muchos ejemplos que Dios me ha permitido experimentar, pero nunca se queda obsoleto. Llegar a ver los cielos dominar la tierra cuando jugamos según las normas de Dios y mantenemos sus valores del reino en primer lugar en nuestra vida es una de las mayores bendiciones de la vida. Es cierto que la bendición va precedida de insultos y posiblemente incluso de rechazo, pero cuando llegamos a ver a Dios intervenir de una forma que nunca podríamos haber imaginado, una forma de la que solo habíamos oído los domingos en la mañana pero que nunca experimentamos personalmente, es entonces cuando Dios se vuelve real y genuino. Es entonces cuando Él comienza a tomar forma en nuestra vida de tal modo, que podemos decir que lo conocemos a Él verdaderamente.

Debemos gozarnos y alegrarnos al enfrentar un acoso con base espiritual, parecido a como los santos en el libro de Hechos decían que se gozaban en medio del sufrimiento por su identificación con Jesucristo. La razón por la que nos gozamos y alegramos es porque eso significa, al final, que el cielo está de nuestro lado.

Muchos de nosotros vivimos una vida desgraciada porque el mundo está de nuestro lado, y no el cielo. La eternidad y la autoridad vinculada a ella no están obligadas a entrar en la historia y actuar por nosotros si nos negamos a vivir con los valores del reino. Dios interviene cuando ve que usted y yo estamos honrando su meta de avanzar su agenda del reino en la tierra.

Hay muchas personas que presumen de ser bendecidas y muy favorecidas. Quieren hablar como si tuvieran al Señor peleando sus batallas por ellos. Pero respirar no es una garantía de la intervención divina de Dios. Estar vivo en la tierra no hace que lo tengamos a Él de nuestro lado. La manera de que el gobierno de Dios domine el caos de la cultura y la confusión en nuestras circunstancias es alinearnos bajo su gobierno. Hacemos eso al practicar los valores del reino basados en la verdad de Él que hemos examinado en este libro.

Comienza con reconocer nuestra propia ineptitud espiritual. Comenzamos siendo pobres en espíritu. Entonces añadimos a eso la disposición a ser sinceros acerca de nuestro pecado y llorar su existencia en nuestra vida o en nuestra tierra. Hacer eso nos permite entonces aplicar el valor del reino de la mansedumbre a nuestras palabras y acciones.

Además de la mansedumbre, y a medida que comenzamos a ver que las bendiciones de Dios empiezan a fluir cada vez más en nuestra vida, desarrollamos mayor hambre y sed de su justicia. Lo buscamos a Él y su verdad a un nivel más elevado porque queremos aplicar a nuestra vida sus pensamientos, su perspectiva y su gobierno. Cuando lo hacemos, descubriremos que tenemos una mayor capacidad para mostrar misericordia a otras personas. También comenzaremos a vivir con una limpieza de corazón que nos permite ver a Dios y sus caminos con más claridad que antes. Eso nos inspirará a ser un pacificador en lugar de ser alguien que causa problemas en todo lo que dice y hace.

Y, como descubriremos, vivir conforme a estos valores del reino causará sobre nosotros un nivel de persecución (insulto, rechazo, acoso) que nunca antes conocimos. Pero veremos, como me sucedió a mí en la estación de tránsito, que aunque nuestra espalda esté cansada de cargar y descargar a solas todo el peso, Dios guardará nuestra espalda. Él intervendrá cuando menos lo esperemos, y hará que las cosas cambien a favor nuestro.

Recordemos también que este valor del reino llega con una segunda bendición. Como vimos anteriormente, la razón por la que podemos gozarnos y alegrarnos ante la persecución es porque nuestra "recompensa es grande". Recibiremos una recompensa eterna.

BENDICIONES ETERNAS

En los últimos días antes de que mi esposa Lois marchara a la gloria, vivía en un estado intermedio. Los efectos del cáncer se habían llevado gran parte de su fuerza física, de modo que dormía muchas horas e incluso veía cosas que nosotros no podíamos ver. Por ejemplo, una vez nos preguntó si podíamos ver a su mamá y su papá, que habían muerto ya, sentados en el cuarto con nosotros. Desde luego que nosotros no podíamos verlos, pero sabemos que ella sí los veía.

En uno de esos momentos intermedios, Lois expresó deleite. Dijo: "El premio, el premio". Le preguntamos de qué premio estaba hablando, y ella dijo que querían darle un premio y que estaban esperando a que sonara la música. Tuvimos la bendición de tener una vislumbre de lo que ella veía con tanta claridad y que llegaría a experimentar tan plenamente en la eternidad. No hay modo alguno de explicar a cualquiera de nosotros que seguimos en esta tierra cómo será una recompensa eterna, pero sí sé que valdrá la pena cualquier cosa que tengamos que enfrentar para obtenerla.

Amigo, al tomar sus decisiones en los momentos comunes y corrientes de cada día, sepa que cada una de ellas importa. Su amoroso Padre celestial observa cada decisión que usted toma y cada palabra que dice. Él desea recompensarle por seguirlo a Él; tiene una abundancia de tesoros y premios preparados para darlos a quienes deciden vivir como discípulos del reino. A medida que usted comience a aplicar a su vida los valores del reino, estará abriendo la puerta a experimentar esas bendiciones cada vez más en la tierra y más adelante en la eternidad. También estará influenciando a quienes le rodean con la luz del amor de Dios a medida que difunda la verdad de su Palabra a un mundo en necesidad.

RETO DE BONDAD

La atmósfera en nuestra cultura contemporánea se ha vuelto contaminada y saturada de odio, racismo, crimen, codicia, falta de respeto, y multitud de otras expresiones de insensibilidad y fuerte crítica. Necesitamos desesperadamente un movimiento de bondad que pueda extenderse como un incendio por la tierra para reclamar el civismo necesario para que tengamos un entorno pacífico y amigable en el cual vivir, trabajar, criar a nuestros hijos, y llevar estabilidad a las naciones que se deterioran.

Por lo tanto, nuestro ministerio nacional, The Urban Alternative, ha lanzado una campaña nacional llamada Bondad en la Cultura. Es una sencilla iniciativa cristiana que puede ser implementada por individuos, familias, iglesias, organizaciones civiles y similares.

Simplemente se toma una tarjeta de acto de bondad, y cada semana se busca un acto de bondad que se pueda hacer por un amigo, un vecino, un compañero de trabajo, o un desconocido que tenga una necesidad. Puede incluir comprar comida para una persona sintecho, ayudar a cruzar la calle a una persona anciana, cuidar de un niño para una pareja de modo que puedan salir a cenar, consolar a un vecino angustiado, u otras incontables maneras de ayudar a otra persona que lo esté pasando mal.

La clave de esta iniciativa es que el acto de bondad debe estar acompañado por orar con la persona a la que se ayuda con respecto a su necesidad inmediata y también su bienestar continuado, su desarrollo espiritual, y cualquier otra petición que la persona pudiera tener. Entonces, también se busca compartir las buenas noticias del evangelio si es posible. Esto hace que el acto de bondad no sea solamente una "cosa buena", sino lo que la Biblia llama una "buena obra", ya que Dios está relacionado directamente con ese acto.

Las tarjetas de actos de bondad pueden ordenarse desde la página web de nuestro ministerio (tonyevans.org) y después personalizarlas, si así lo desea, para usted, para su iglesia o para su grupo, a fin de que las personas a quienes se ayuda puedan conectarse con un mayor impacto espiritual y social. O simplemente usted mismo puede diseñar e imprimir sus propias tarjetas. La idea que hay detrás de las tarjetas es dar a las personas algo para apuntarles hacia Dios, para que conozcan la motivación que hay detrás de este acto de bondad. Las tarjetas también pueden utilizarse para invitar a las personas a su iglesia local o dejarles un versículo de la Escritura.

Este plan es sencillo, replicable y fácilmente transferible. Si podemos lograr que millones de cristianos sean pioneros en hacer esto al menos una vez por semana, podremos contribuir de manera importante a cambiar la atmósfera de nuestra cultura para bien y para Dios.

Es momento de que los creyentes dejemos ver a las personas nuestras buenas obras y que no solo oigan nuestras palabras, para que así glorifiquen a nuestro Padre que está en los cielos (Mateo 5:13-16). El mundo necesita un nuevo sistema de valores mediante la iniciativa Bondad en la Cultura, para que así podamos avanzar hacia un paradigma de valores del reino para la mejora de vidas y la mayor gloria de Dios.

Dr. Tony Evans
Dallas, Texas

RECONOCIMIENTOS

Me gustaría dar las gracias a mis amigos en Baker Publishing Group por su interés y su colaboración para publicar mis pensamientos, mi estudio y mis palabras sobre este tema tan valioso. En particular quisiera agradecer a Andy McGuire por dirigir las gestiones de este manuscrito con Baker Publishing Group. Ha sido un placer trabajar con Andy para ver publicado este libro. También quiero agradecer públicamente a Sharon Hodge y Hannah Ahlfield. Además, mi agradecimiento a Heather Hair por sus habilidades y su perspectiva a la hora de redactar y colaborar en este manuscrito.

APÉNDICE

LA ALTERNATIVA URBANA

La Alternativa Urbana (TUA, por sus siglas en inglés), equipa, empodera y une a los cristianos para impactar *individuos, familias, iglesias y comunidades* mediante una agenda del reino y una cosmovisión concienzudas. Al enseñar la verdad, buscamos transformar vidas.

La causa principal de los problemas que enfrentamos en nuestras vidas personales, nuestros hogares, nuestras iglesias y sociedades es espiritual; por lo tanto, el único modo de abordarla es hacerlo en términos espirituales. Hemos probado una agenda política, social, económica, e incluso religiosa.

Es momento de una **agenda del reino.**

La agenda del reino puede definirse como la manifestación visible del gobierno general de Dios sobre cada área de la vida.

El tema central unificador en toda la Biblia es la gloria de Dios y el avance de su reino. El hilo de unión desde el Génesis hasta el Apocalipsis, del principio al fin, está enfocado en una sola cosa: la gloria de Dios mediante el avance del reino de Dios.

Cuando no reconocemos ese tema, la Biblia se convierte en historias desconectadas que son estupendas para recibir inspiración, pero no parecen estar relacionadas en propósito y dirección. Entender el papel que desempeña el reino en la Escritura aumenta la relevancia que tiene este texto de miles de años de antigüedad para nuestra vida diaria, porque el reino no es solamente entonces; es ahora.

La ausencia de la influencia del reino en nuestras vidas personales y familiares, en las iglesias y en las comunidades, ha conducido a un deterioro de proporciones inmensas en nuestro mundo:

+ Las personas viven vidas segmentadas y compartimentadas porque carecen de la cosmovisión del reino de Dios.

+ Familias se desintegran porque existen para su propia satisfacción, en lugar de existir para el reino.

+ Iglesias están limitadas en su ámbito de impacto porque no comprenden que la meta de la iglesia no es la iglesia en sí misma, sino el reino.

+ Comunidades no tienen ningún lugar donde acudir para encontrar soluciones reales para personas reales que tienen problemas reales, porque la iglesia se ha vuelto dividida, cerrada, e incapaz de transformar el paisaje cultural y político de algún modo relevante.

La agenda del reino nos ofrece un modo de ver y vivir la vida con una esperanza firme, optimizando las soluciones del cielo. Cuando Dios ya no es la norma final y autoritativa bajo la cual encaja todo lo demás, el orden y la esperanza se van junto con Él. Pero también es cierto lo contrario: mientras tengamos a Dios, tenemos esperanza. Si Dios sigue estando en la escena, y mientras su agenda siga sobre la mesa, nada ha terminado.

Incluso si las relaciones colapsan, Dios nos sostendrá. Incluso si las finanzas disminuyen, Dios nos guardará. Incluso si los sueños mueren, Dios nos avivará. Mientras Dios y su gobierno sigan siendo la norma general en nuestra vida, nuestra familia, iglesia y comunidad, siempre hay esperanza.

Nuestro mundo necesita la agenda del Rey. Nuestras iglesias necesitan la agenda del Rey. Nuestras familias necesitan la agenda del Rey.

Hemos creado un plan de tres partes para dirigirnos en la sanidad de las divisiones y esforzarnos por la unidad a medida que avanzamos hacia la meta de ser verdaderamente una nación bajo Dios. Este plan de tres partes nos llama a reunirnos con otros en unidad, abordar los asuntos que nos dividen, y actuar juntos para lograr un impacto social. Al seguir este plan, veremos individuos, familias, iglesias y comunidades transformados a medida que seguimos la agenda del reino de Dios en cada área de nuestra vida. Puede usted solicitar este plan enviando un correo a info@tonyevans.org o puede encontrarlo en el internet en tonyevans.org.

En muchas ciudades grandes hay una circunvalación que los conductores pueden tomar cuando quieren ir a algún lugar en el otro extremo de la ciudad, pero no necesariamente quieren pasar por el centro de la ciudad. Esa carretera de circunvalación nos llevará lo bastante cerca de la ciudad para poder ver sus altos edificios y su línea del horizonte, pero no lo bastante cerca para experimentarlos realmente.

Eso es precisamente lo que, como cultura, hemos hecho con Dios. Lo hemos situado en la "circunvalación" de nuestra vida personal, familiar, de nuestra iglesia y nuestra comunidad. Está lo bastante cerca para estar a mano en caso de que lo necesitemos en una emergencia, pero lo bastante lejos para que no pueda ser el centro de quiénes somos.

Queremos que Dios esté en la circunvalación, y no que sea el Rey de la Biblia que pasa por el centro de la ciudad y llega al corazón mismo de nuestros caminos. Dejar a Dios en la circunvalación produce consecuencias nefastas, como hemos visto en nuestras propias vidas y en las de otras personas. Pero, cuando hacemos que Dios y su gobierno sean el centro de todo lo que pensamos, hacemos y decimos, es entonces cuando lo experimentaremos a Él del modo en que Él desea que lo experimentemos.

Él quiere que seamos personas del reino con una mentalidad del reino puesta en cumplir sus propósitos del reino. Él quiere que oremos, como hizo Jesús: "No se haga mi voluntad, sino la tuya". Porque de Él es el reino, el poder, y la gloria.

Hay un solo Dios, y nosotros no lo somos. Como Rey y Creador, Dios está al mando. Solamente cuando nos alineamos bajo su mano tendremos acceso a todo su poder y autoridad en todas las esferas de la vida: personal, familiar, eclesiástica y gubernamental.

A medida que aprendemos a gobernarnos a nosotros mismos bajo Dios, entonces transformamos las instituciones de familia, iglesia y sociedad al utilizar una cosmovisión del reino con base bíblica.

Bajo Dios, tocamos el cielo y cambiamos la tierra.

Para alcanzar nuestra meta usamos diversas estrategias, enfoques y recursos para llegar a todas las personas posibles y equiparlas.

MEDIOS DE TRANSMISIÓN

Millones de individuos experimentan *La Alternativa con el Dr. Tony Evans* mediante la transmisión diaria por radio en casi **1400 estaciones de radio** y en más de **130 países**. La transmisión también puede verse en varias redes televisivas, y está disponible en el internet en tonyevans.org. También puede escuchar o ver la transmisión diaria descargando la aplicación *Tony Evans* gratuitamente en App store. Cada año se producen más de 30 millones de descargas o visualizaciones de los mensajes.

FORMACIÓN EN LIDERAZGO

El *Centro de Formación Tony Evans* (TETC, por sus siglas en inglés) facilita una plataforma global de discipulado que engloba la filosofía ministerial del Dr. Tony Evans expresada mediante la agenda del reino. Los cursos de formación se enfocan en el desarrollo de liderazgo y el discipulado en estas cinco ramas:

+ Biblia y teología

+ Crecimiento personal

+ Familia y relaciones

+ Salud eclesial y desarrollo de liderazgo

+ Estrategias de impacto en la sociedad y la comunidad

El programa TETC incluye cursos para alumnos locales y también en línea. Además, el programa de TETC incluye trabajos del curso para asistentes que no son alumnos. Pastores, líderes cristianos y laicos también cristianos, tanto locales como a la distancia, pueden obtener el *Certificado de Agenda del Reino* para su desarrollo personal, espiritual y profesional. Para más información, visite tonyevanstraining.org.

Pastores de la Agenda del Reino (KAP, por sus siglas en inglés) proporciona una red viable para *pastores con un mismo sentir* que abrazan la filosofía de la agenda del reino. Los pastores tienen la oportunidad de profundizar con el Dr. Tony Evans a medida que se les proporciona mayor conocimiento bíblico, aplicaciones prácticas y recursos para impactar individuos, familias, iglesias y comunidades. KAP recibe a *pastores principales y asociados* de todas las iglesias. KAP también ofrece una cumbre anual que se realiza cada año en Dallas, con seminarios intensivos, talleres y recursos. Para más información, visite kafellowship.org.

Ministerio para Esposas de Pastores, fundado por la Dra. Lois Evans, proporciona *consejo, aliento* y *recursos espirituales* para esposas de pastores a medida que sirven con sus esposos en el ministerio. Uno de los enfoques principales del ministerio es la *Cumbre KAP*, que ofrece a las esposas de pastores un lugar para *reflexionar, renovarse* y *relajarse*, junto con formación en desarrollo personal, crecimiento espiritual y cuidado de su bienestar emocional y físico. Para más información, visite loisevans.org.

IMPACTO COMUNITARIO DEL REINO

Los programas de alcance de La Alternativa Urbana buscan impactar positivamente individuos, iglesia, familias y comunidades mediante diversos ministerios. Consideramos que estos esfuerzos son necesarios para nuestro llamado como ministerio y esenciales para las comunidades a las que servimos. Con formación sobre cómo iniciar y mantener programas para adoptar escuelas, u ofrecer servicios a personas sintecho, o colaborar hacia la unidad y la justicia con estaciones de policía, lo que crea una conexión entre la policía y nuestra comunidad, nosotros como ministerio llevamos a la práctica la agenda del reino conforme a nuestra *Estrategia del Reino para la Transformación Comunitaria*.

La *Estrategia del Reino para la Transformación Comunitaria* es un plan de tres partes que equipa a las iglesias para marcar un impacto positivo en sus comunidades para el reino de Dios. También ofrece muchas sugerencias prácticas sobre cómo poder implementar este plan de tres partes en sus comunidades, y sirve como un plano para unir a iglesias en torno a la meta común de crear un mundo mejor para todos nosotros. Para más información, visite tonyevans.org y haga clic en el enlace al Plan de 3 puntos.

Iniciativa Nacional de Iglesias que Adoptan una Escuela (NCAASI, por sus siglas en inglés) prepara a iglesias en todo el país para impactar comunidades, usando *las escuelas públicas como el vehículo principal para efectuar un cambio social positivo* en la juventud y las familias urbanas. Líderes de iglesia, distritos escolares, organizaciones basadas en la fe, y otras organizaciones sin fines de lucro son equipados con el conocimiento y las herramientas para forjar colaboraciones y construir *fuertes sistemas de servicio social.* Esta formación se basa en la estrategia general de impacto comunitario basado en iglesia y conducido por la iglesia Oak Cliff Bible Fellowship. Aborda áreas como desarrollo económico, educación, vivienda, revitalización de la salud, renovación familiar y reconciliación racial. Asistimos a iglesias para confeccionar el modelo para suplir necesidades específicas de sus comunidades, abordando simultáneamente el marco de referencia espiritual y moral. Se realizan eventos de formación anualmente en la zona de Dallas en Oak Cliff Bible Fellowship. Para más información, visite churchadoptaschool.org.

Impacto a Deportistas (AI, por sus siglas en inglés) existe como un programa de alcance en la arena deportiva y por medio de ella. Los entrenadores pueden ser los individuos más influyentes en las vidas de los jóvenes, incluso por delante de sus padres. Con el aumento creciente de la falta de padres en nuestra cultura, hay más jóvenes que miran a sus entrenadores buscando dirección, desarrollo del carácter, necesidades prácticas, así como esperanza. En la escala de influyentes, tras los entrenadores están los deportistas. Los deportistas (sean profesionales o aficionados) influencian a deportistas más jóvenes y niños dentro de sus esferas de impacto. Sabiendo eso, nos hemos marcado la meta de equipar y formar a entrenadores y deportistas sobre cómo poner en práctica y utilizar los roles que Dios les ha dado para el beneficio del reino. Apuntamos a hacer eso mediante nuestra aplicación *iCoach* y también con recursos como *The Playbook: A Life Strategy Guide for Athletes* [Libro de jugadas: Un manual de estrategia para deportistas]. Para más información, visite icoachapp.org.

Tony Evans Films da lugar a un cambio de vida positivo mediante persuasivos videos cortos, animación y largometrajes. Buscamos edificar discípulos del reino a través del poder de la historia. Utilizamos diversas plataformas para el consumo de los espectadores, y tenemos más de 100 millones de visualizaciones digitales. También mezclamos videos cortos y películas con materiales relevantes de estudio bíblico para llevar a las personas al conocimiento salvador de Jesucristo, y para fortalecer al cuerpo de Cristo en todo el mundo. Tony Evans Films estrenó su primer largometraje, *Los hombres del reino se levantan*, en abril de 2019 en más de 800 salas de cine en todo el país, en colaboración con LifeWay Films. El segundo estreno, *Un viaje con Jesús*, en colaboración con RightNow Media, tuvo lugar en salas de cine en noviembre de 2021.

RECURSOS DE DESARROLLO

Fomentamos colaboraciones de aprendizaje de por vida con las personas a las que servimos, proporcionando diversos materiales publicados. El Dr. Evans ha publicado más de 125 títulos únicos basados en más de 50 años de predicación, y entre ellos se incluyen folletos, libros y estudios bíblicos. También tiene el honor de ser el primer afroamericano en haber redactado y publicado el primer comentario de toda la Biblia y Biblia de estudio, que se lanzó en 2019. Esta Biblia se exhibe permanentemente como lanzamiento histórico en el Museo de la Biblia en Washington, DC.

Para más información, y un ejemplar de cortesía del devocional del Dr. Evans, llame al (800) 800-3222, escriba TUA a la dirección P.O. Box 4000, Dallas, TX 75208, o visite tonyevans.org

ACERCA DEL AUTOR

El Dr. Tony Evans es uno de los líderes más respetados del país en los círculos evangélicos. Es pastor, autor de éxitos de venta, y orador frecuente en conferencias bíblicas y seminarios por toda la nación.

El Dr. Evans ha servido como pastor principal de la iglesia Oak Cliff Bible Fellowship por más de cuarenta años, siendo testigo de su crecimiento desde diez personas en 1976 hasta más de 10 000 asistentes, y más de 100 ministerios en la actualidad.

El Dr. Evans también sirve como presidente de The Urban Alternative, un ministerio nacional que busca restaurar la esperanza y transformar vidas mediante la proclamación y la aplicación de la Palabra de Dios. Su retransmisión radial diaria, *La Alternativa con el Dr. Tony Evans*, se puede oír en más de 1400 estaciones de radio en todos los Estados Unidos y en más de 130 países.

El Dr. Evans tiene el honor de haber escrito y publicado el primer comentario completo de la Biblia y Biblia de estudio hecha por un afroamericano. La Biblia de estudio y el comentario han vendido más de 225 000 ejemplares en el primer año.

Es el excapellán de los Dallas Cowboys y los Dallas Mavericks.

Mediante su iglesia local y su ministerio nacional, el Dr. Evans ha puesto en acción una filosofía del ministerio de agenda del reino que enseña el gobierno completo de Dios sobre cada área de la vida, demostrado a través de la persona, la familia, la iglesia y la sociedad.

El Dr. Evans estuvo casado con Lois, su esposa y compañera en el ministerio, por más de cincuenta años, hasta que Lois partió a la gloria a finales de 2019. Son padres orgullosos de cuatro hijos, abuelos de trece nietos y bisabuelos de tres bisnietos.